秦汉史

田余庆　著

中国盲文出版社

图书在版编目（CIP）数据

秦汉史：大字版/田余庆著．—北京：中国盲文出版社，2015.11

（中国大百科全书名家文库）

ISBN 978-7-5002-6501-6

Ⅰ．①秦…　Ⅱ．①田…　Ⅲ．①中国历史—秦汉时代—通俗读物　Ⅳ．①K232.09

中国版本图书馆 CIP 数据核字（2015）第 272535 号

秦汉史

著　　者：田余庆
责任编辑：贺世民
出版发行：中国盲文出版社
社　　址：北京市西城区太平街甲 6 号
邮政编码：100050
印　　刷：北京汇林印务有限公司
经　　销：新华书店
开　　本：787×1092　1/16
字　　数：127 千字
印　　张：15.75
版　　次：2015 年 12 月第 1 版　2017 年 5 月第 3 次印刷
书　　号：ISBN 978-7-5002-6501-6/K·330
定　　价：28.00 元
编辑热线：（010）83190266
销售服务热线：（010）83190297　83190289　83190292

目　录

秦

由战国后期一个诸侯王国发展起来的统一大国，中国封建社会的第一个统一王朝（前 221～前 207）。秦始皇继历代秦王蚕食诸侯之后，完成了统一六国的事业，实现了从分封制到郡县制的转变。他所建立的专制主义中央集权制度，及所采取的旨在巩固统一的某些措施，为后世帝王所取法。秦朝急政暴虐，导致速亡。末年陈胜、吴广领导的农民战争，在中国历史上开创了武装反对黑暗统治的传统，影响至为深远。由于过去的割据局面所造成的社会影响，反秦过程中重新出现了分裂的倾向。在接踵而来的争夺统治权的楚汉之战（前 207～前 202）中，汉胜楚败，使分裂形势受到控制，统一国家得以恢复。

◇秦始皇像

秦始皇（前 259～前 210）

即嬴政，秦王朝第一个皇帝。秦庄襄王之子，十三岁即王位，由于年幼，所以朝政由太后和相邦吕不韦及嫪毐掌管。二十二岁时，开始亲政，先后灭韩、赵、魏、楚、燕、齐六国，三十九岁时完成了统一中国大业，建立起一个以汉族为主体、多民族统一的中央集权的强大国家——秦朝。定都咸阳。在位共三十七年。

专制主义中央集权制度的建立

公元前221年，秦王政（前246～前210在位）统一六国，结束了长期的诸侯割据局面，建立了一个以咸阳为首都的幅员辽阔的国家。这个国家的疆域，东至海，西至陇西，南至岭南，北至河套、阴山、辽东。秦王政兼采传说中三皇五帝的尊号，宣布自己为这个国家的第一个皇帝，即始皇帝，后世子孙代代相承，递称二世、三世皇帝。他认为帝王死后以其行为为谥的制度，是“子议父，臣议君”，有损于帝王的尊严，所以宣布取消。他规定皇帝自称曰“朕”，并制定了一套尊君抑臣的朝仪和文书制度。这些都是为了显示皇帝的无上权威，表示秦的统治将万世一系，长治久安。

周代以来封国建藩的制度，与专制皇权和统一国家是不相容的，所以必须加以改变。始皇二十六年（前221），丞相王绾请封诸皇子为燕、齐、楚王，得到群臣的赞同。廷尉李斯力排众议，主张废除分封诸侯的制度，全面推行郡县制度。秦始皇接受了李斯的建议，把全国分成三十六郡，以后又陆续增设至四十余郡。这些郡完全由中央和皇帝控制，是中央政府辖下的地方行政单位。

中央集权的制度从此确立。始皇二十八年的峄山刻石辞说："追念乱世，分土建邦，以开争理"；"乃今皇帝，壹家天下，兵不复起"。这说明秦始皇认为废分封行郡县是消除各地兵争所必须的。

秦始皇以战国时期秦国官制为基础，把官制加以调整和扩充，建成一套适应统一国家需要的新的政府机构。在这个机构中，中央设丞相、太尉、御史大夫。丞相有左右二员，掌政事。太尉掌军事，不常置。御史大夫是丞相的副贰，掌图籍秘书，监察百官。丞相、太尉、御史大夫以下，是分掌具体政务的诸卿，其中有掌宫殿掖门户的郎中令，掌宫门卫屯兵的卫尉，掌京畿警卫的中尉，掌刑辟的廷尉，掌谷货的治粟内史，掌山海池泽之税和官府手工业制造以供应皇室的少府，掌治宫室的将作少府，掌国内民族事务和外事的典客，掌宗庙礼仪的奉常，掌皇室属籍的宗正，掌舆马的太仆等。丞相、太尉、御史大夫与诸卿议论政务，皇帝作裁决。

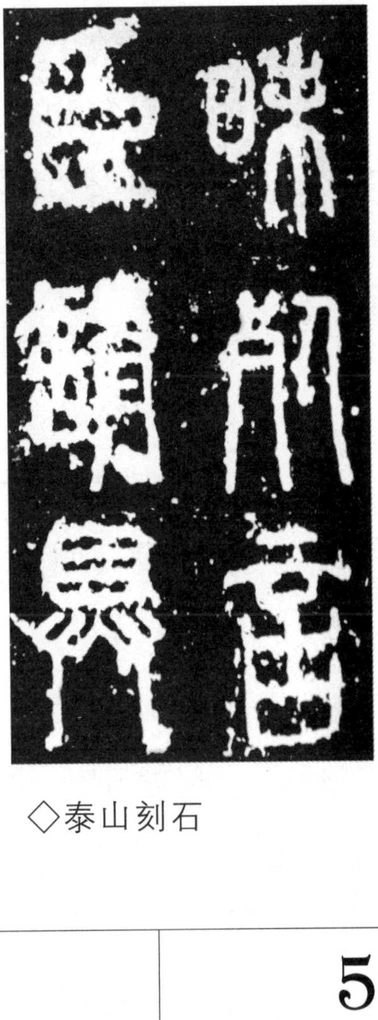
◇泰山刻石

地方行政机构分郡、县两级。郡设守、尉、监（监御史）。郡守掌治其郡，郡尉辅佐郡守，并典兵事。郡监司监察。县，万户以上者设令，万户以下者设长。县令、长领有丞、尉及其他属员。郡、县主要官吏由中央任免。县以下有乡，乡设三老掌教化，啬夫掌诉讼和赋税，游徼掌治安。乡下有里，是最基层的行政单位。里有里典，后代称里正、里魁，以“豪帅”即强有力者为之。此外还有司治安、禁盗贼的专门机构，叫做亭，亭有长。两亭之间，相距大约十里。

早在秦献公十年（前375），秦国就建立了以“告奸”为目的的“户籍相伍”制度。后来商鞅规定，不论男女，出生后都要列名户籍，死后除名；还“令民为什伍”，有罪连坐。秦律载明迁徙者当谒吏转移户籍，叫做“更籍”。秦王政统治时期，户籍制度趋于完备。秦王政十六年（前231）令男子申报年龄，叫做“书年”。据云梦秦简推定，秦制男年十五（另一推算是十七）载明户籍，以给公家徭役，叫做“傅籍”。书年、傅籍，是国家征发力役的依据。始皇三十一年“使黔首自实田”，即令百姓自己申报土地。土地载于户籍，使国家征发租税有了主要依据。户籍中有年纪、土地等项内容，户籍制度也就远远超过“告奸”的需要，成为国家统治人民的一项根本制度。秦置二十级爵，以赏军功。国家按人们的爵级赐给田宅，高爵者还可以得到食邑和其他特权。爵级载在户籍，所以户籍也是人们身份的凭证。

统治一个大国，需要全国一致而又比较完备的法律制度。出土的云梦秦简提供了自秦孝公至秦始皇时期陆续修成的秦律的部分内容，其中有刑律的律文和解释，有名目繁多的其他律文，还有案例和关于治狱的法律文书。秦始皇统一六国以后，以秦律为基础，参照六国律，制定了全境通行的法律。秦律经过汉朝的损益，成为唐以前历代法律的蓝本。

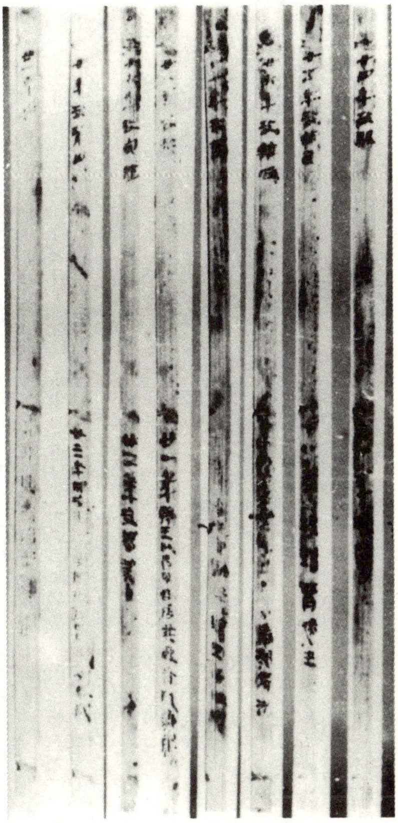

◇湖北云梦睡虎地出土的秦《编年记》竹简，其中记有秦统一六国的历次重要战役。

维持一个大国的统一，还需要强大的军队。秦军以灭六国的余威，驻守全国，南北边塞是屯兵的重点地区。秦制以铜虎符发兵，虎符剖半，右半由皇帝掌握，左半在领兵者之手，左右合符，才能调动军队。这是保证兵权在皇帝手中的重要制度。秦军是一支前所未

◇陕西西安临潼秦兵马俑坑出土的将军陶俑

有的巨大的震慑力量。近年发掘的秦始皇陵侧的兵马俑坑，估计其中两坑有武士俑七千件，战车百乘，战骑百匹。武士俑同真人一样高大，所持武器都是实物而非明器。这种车、步、骑兵混合编组的大型军阵，其规模之大，军容之盛，是秦军强大的表征。

秦始皇不但建立了一套专制主义中央集权的统治机构和制度，而且还采用了战国时期阴阳家的终始五德说，以辩护秦朝的法统。终始五德说认为，各个相袭的朝代以土、木、金、火、水等五德的顺序进行统治，周而复始。秦得水德，水德尚黑，所以秦的礼服旌旗等都用黑色；与水德相应的数是六，所以符传长度、法冠高度各为六寸，车轨宽六尺；水德主刑杀，所以政治统治力求严酷，不讲究“仁恩和义”；与水德相应，历法以亥月即十月为岁首，等等。秦始皇还确定了一套与皇

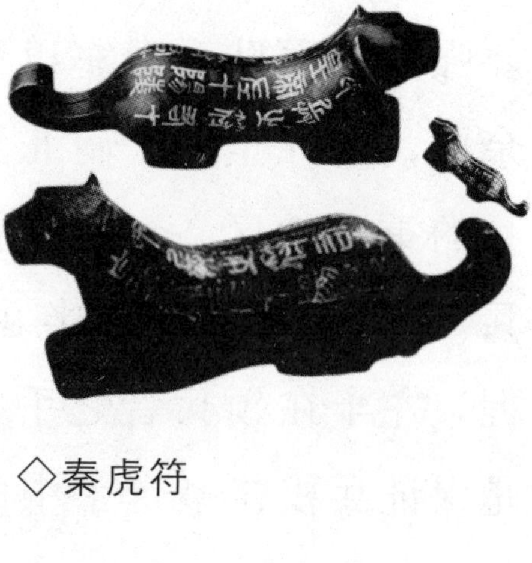

◇秦虎符

帝地位相适应的复杂的祭典以及封禅大典，择时进行活动。秦始皇在咸阳附近仿照关东诸国宫殿式样营建了许多宫殿，并于渭水之南修造富丽宏伟的阿房宫。咸阳宫殿布局取法于天上的紫微宫，俨然是人间上帝的居处，天下一统的象征。秦始皇还在骊山预建陵寝，墓室中以水银为百川、江河、大海，机相灌输，上具天文，下具地理。他采取这些措施，和他采用皇帝的名号一样，是要表示他在人间的权力与上帝在天上的权力相当，从而向臣民灌输皇权神秘的观念。皇权神秘观念，是专制主义中央集权制度的思想基础。

◇清人笔下的《阿房宫图》

皇权的加强和神化，郡县制的全面推行，体现专制皇权的官僚机构和各种制度的建立，法律的完备和统一，皇帝对军队控制的加强等等，这些就是专制主义中央集权制度的主要内容。专制主义中央集权制度，在当时的条件下是维持封建统一所不可少的条件。但是这种政治制度对百姓的束缚极大，而且它对经济文化发展的促进作用也可以转变为阻滞作用，这在封建社会后期更为显著。

◇陕西西安阿房宫前殿遗址

防止封建割据的措施 焚书坑儒

长期分裂局面造成的影响，使秦始皇非常关心六国旧地的动静，担心六国旧贵族图谋复辟。为了防止割据的再现，秦始皇把六国富豪和强宗十二万户迁到咸阳，另一部分迁到巴蜀、南阳、三川和赵地，使他们脱离乡土，以便监视。他把缴获的和没收的武器加以销毁，在咸阳铸成十二个各重千石的钟鐻铜人。又下令“堕坏城郭，决通川防，夷去险阻”，尽可能消灭封建贵族依以割据的手段。为了控制广阔的国土，特别是六国旧境，秦始皇还修建由首都咸阳通到全国各地的驰道，东穷燕齐，南极吴楚。他自己多次顺着驰道巡游郡县，在很多地方刻石记功，以示威强。为了加强北方的防务，秦始皇三十五年（前212），又修筑由咸阳经过云阳（今陕西淳化西北），直达九原（今内蒙古包头西）的直道，堑山堙谷千八百里。在西南地区，还修筑了今四川宜宾以南至云南昭通的五尺道，于近旁设官进行统治。

秦始皇对分裂割据的思想和政治倾向，也进行了斗争。当时的一些儒生、游士，希望复辟贵族割据局面，他们“入则心非，出则巷议”，引证《诗》、《书》、百家

◇焚书灰堆遗迹。位于陕西渭南湭水东岸土丘上，北部断崖底部暴露有厚约三十至五十厘米的灰层。

◇《坑儒焚书》图

语，以古非今。始皇三十四年，丞相李斯请求焚毁《诗》、《书》，消灭私学。他建议“史官非秦记皆烧之。非博士官所职，天下敢有藏《诗》、《书》、百家语者，悉诣守、尉杂烧之。有敢偶语《诗》、《书》者弃市。以古非今者族。吏见知不举者与同罪。令下三十日不烧，黥为城旦。所不去者，医药卜筮种树之书。若欲有学法令，以吏为师”。秦始皇接受了这一建议，于是就发生了焚书事件。

第二年，为秦始皇求仙药的方士有诽谤之言，又相邀逃亡，秦始皇派御史侦察咸阳的儒生方士，把其中被认为犯禁者四百六十多人坑死。在早期封建社会的历史条件下，在统一与分裂激烈斗争的年代，秦始皇用焚书坑儒手段来打击贵族政治的思想是可以理解的。但是，焚书坑儒摧残文化，是极其野蛮残暴的事，对于古文献的保存和学术的传授，造成了极大的损失。

秦始皇施政定制虽已兼采阴阳等家思想，但根本上是以法家思想为依据。焚书坑儒以及“以法为教”，“以吏为师”等，更突出地反映了他的法家思想。

整齐制度

始皇以原来秦国的制度为标准，整齐划一全国政治、经济、文化方面的一些制度，企图尽可能消除由于长期分裂割据造成的地区差异，以利统一。

战国时期，各国文字的基本结构虽然相同，但字体繁简和偏旁位置却有差异。李斯受命统一文字，他以秦国的文字为基础，参照六国文字，制定小篆，并写成范本，在全国推行。当时还流行一种书法，叫做隶书，比小篆更简便。秦始皇废止战国时各国形制和轻重大小各不相同的货币，改以黄金为上币，以镒（二十两）为单位；以秦国旧行的圆形方孔铜钱为下币，文曰半两，重如其文。秦始皇用商鞅时制定的度量衡标准器，来统一全国的度量衡。今见秦朝权量，都刻有始皇二十六年（前 211）颁布的统一度量衡的诏书。这种权量出土多，分布广，长城以外也有发现，可见统一度量衡是认真有效的。秦始皇还用

◇秦半两铜钱

法律规定了度量衡器误差的允许限度。他规定六尺为步，二百四十步为亩。不过二百四十步为亩的制度实际上只行于旧秦，可能还有旧赵境内，东方许多地区仍以百步为亩，直到汉武帝时期为止。

文字、货币、度量衡的统一，为经济、文化的发展提供了便利条件，促进了统一国家的发展。

对匈奴和对越人的战争

◇宁夏固原战国时期秦国长城遗址

匈奴人分布在蒙古高原上，战国末年以来，常向南方侵犯。全国统一以后，秦始皇派蒙恬率军三十万抗击匈奴。蒙恬于始皇三十二年（前 215）收复河套以南地，即当时所谓“河南地”，第二年进一步斥逐匈奴。秦自榆中（在今甘肃兰州以东，但有异说）向北，在黄河以东、阴山以南的地区内设置三十四县，并在黄河的一段地区因河筑塞。秦还把战国时燕、赵、秦三国长城修复并连接起来，筑成西起临洮（今甘肃岷县）、东迄辽东的古代世界伟大工程之一的万里长城，用来保护北方农业区域。接着，秦又徙民几万家于河套。这对于边地的开垦和边防的加强，起了积极作用。

蒙恬（? ～前 210）

秦朝名将。祖籍齐国，祖父蒙骜、父亲蒙武皆为秦国名将。秦始皇二十六年（前 221）参加灭齐有功，任命为内史。为秦国统一六国立下了赫赫战功。秦统一六国后，蒙恬又奉命率三十万大军北击匈奴，击退匈奴七百余里。匈奴慑于蒙恬兵威，不敢进犯。三十七年，胡亥继位，蒙恬为权奸赵高诬陷，被迫自杀。

中国境内的越人分布在华东、华南地区，分为闽越、南越、西瓯等部分。闽越在今浙江、福建一带，南越在今广东和广西东部，西瓯在今广东西南部、广西南部以至于云南东南部。越人“断发文身，错臂左衽”，依山傍海，从事渔猎和农业。西瓯人主要从事农业生产。

◇陕西西安临潼秦兵马俑坑出土的铜矛

秦王政二十四年（前 223），王翦率秦军灭楚，继续南进，夺得越人一部分土地，置会稽郡（今江苏苏州）。二十六年，秦始皇派尉屠睢发卒五十万，分为五军，进攻镡城（今湖南靖县境）、九嶷（今湖南宁远南）、番禺（今广东广州）、南野（今江西南康境）、余干（今江西余干境），进行了三年不解甲、不弛弩的艰巨战斗。秦军击败了闽越的抵抗，以其地置闽中郡（今福建福州）。攻南越的秦军，也占领了番禺。只有西线的秦军遇到西瓯人顽强的抵抗。为了解决秦军转饷的困难，监禄率卒在湘水、漓水间开凿灵渠（在今广西兴安），沟通了长江和珠江水系的交通。在秦军和西瓯人的战斗中，西瓯君译吁宋和秦军统帅尉屠睢相继战死。三十三年，秦始皇又谪发内郡曾经逃亡的人、赘婿、商人增援，征服了西瓯，在南越、西瓯故地及其相邻地区建置了南海郡（今广东广州），象郡（今广西崇左境）和桂林郡（今广西桂平），并继续征发人民前往戍守。这样，几十万北方农民就留在那里与越人杂居，共同开发珠江流域。

秦代的急政

秦始皇的事业，是在残酷地剥削压迫人民的条件下，在短短的十几年中完成的，这使秦的统治具有急政暴虐的特征。

在秦统一以后的十几年中，秦始皇维持了一支庞大的军队，建立了一个庞大的官僚机构，进行了多次的大规模战争，完成了巨大的国防建设和土木建筑。秦始皇大大增加了对人民的征敛。据估计，当时全国的人口约为一千多万，而当兵服役的人超过二百万，占壮年男子

◇陕西西安临潼秦始皇陵外景

三分之一以上。当兵服役的人脱离了农业生产，靠农民养活，这就出现了男子力耕，不足以供粮饷，女子纺绩，不足以供衣服的严重局面，大大动摇了秦的统治基础。为了强化地主阶级的统治，秦朝又推行严刑峻法以镇压人民，并且把数十万人民变为封建国家的囚徒。

秦始皇使黔首自实田，在全国范围内正式承认土地私有制。地主阶级凭借这个命令，不仅得以合法占有土地，而且可以用各种手段兼并农民的土地。土地被兼并的农民，不得不以“见税什五”的苛刻条件耕种豪民之田。农民生活悲惨，穿牛马之衣，吃犬彘之食，往往在暴吏酷刑的逼迫下逃亡山林，举行暴动。

黔首

战国时期和秦代对百姓的称呼。战国时期已经广泛使用，它的含义与当时常见的“民”、“庶民”雷同。《史记·秦始皇本纪》记载，秦始皇二十六年（前221）下令“更名民曰‘黔首’”。这是秦统一中国后更定名物制度的内容之一。秦始皇三十一年，发布“使黔首自实田”的律令。占有土地的地主和自耕农，按照当时实际占有的田数，向封建政府呈报，即可取得国家的承认。从此，原秦国的一套封建土地制度和法令就在全国范围内施行。

◇陕西西安秦二世胡亥墓冢

这种种情况说明，急政暴虐激化了社会矛盾，秦始皇在完成统一事业的同时，也造成了秦王朝倾覆的条件。所以西汉时的贾山谈到秦代“群盗满山”的情况时说，秦始皇在世时，他的统治已经在崩溃，虽然他自己并不知道。

公元前 210 年，秦二世胡亥即位。他进一步加重对农民的剥削和压迫，以“税民深者为明吏”，以“杀人众者为忠臣”。他令农民增交菽粟刍藁，自备粮食，转输至咸阳，供官吏、军队以至于狗马禽兽的需要。他继续修建阿房宫，继续发民远戍。徭役征发的对象进一步扩大，农民的困苦达于极点，大规模的农民起义已经到一触即发的地步。

秦二世胡亥（前230～前207）

秦朝第二代皇帝。始皇少子。早年曾从中车府令赵高学习狱法。秦始皇三十七年（前210），秦始皇东巡途中染病亡于沙丘，为了避免引起天下震动，赵高和丞相李斯等人对外封锁了消息。秦始皇临死时留下遗诏，传位给公子扶苏，而赵高和李斯害怕扶苏即位后，会威胁到自己的地位和享有的荣华富贵，于是篡改了诏书，立胡亥为帝，称二世皇帝。胡亥即位后，宦官赵高掌实权，实行惨无人道的统治，终于在公元前209年激起了陈胜、吴广领导的农民起义。二世胡亥于公元前207年被赵高杀死，时年二十四岁。

在农民酝酿反秦的时候，潜伏着的六国旧贵族残余势力也在俟机进行分裂活动。始皇三十六年（前211），东郡出现“始皇帝死而地分”的刻辞，就是这种分裂活动的征兆。

陈胜、吴广领导的农民战争

秦二世元年（前 209）七月，一队开赴渔阳（治今北京密云西南）的闾左戍卒九百人，遇雨停留在大泽乡（今安徽宿州境），不能如期赶到渔阳戍地。秦法“失期当斩”，戍卒们面临着死刑的威胁。于是，在陈胜、吴广的领导下，在大泽乡举起了中国历史上第一次大规模农民起义的旗帜。

陈胜，即陈涉，阳城（今地有异说，在河南境内）

◇陈胜吴广起义图

人，雇农出身；吴广，阳夏（今河南太康）人，也是农民。他们都是戍卒的屯长。为了发动起义，他们在帛上书写“陈胜王”三字，置鱼腹中，戍卒买鱼得书，传为怪异。吴广又于夜晚在驻地旁丛祠中燃篝火，作狐鸣，发出“大楚兴，陈胜王”的呼声。接着，陈胜、吴广率领戍卒，杀押送他们的秦尉，用已被赐死的秦公子扶苏和已故楚将项燕的名义，号召农民反秦。附近农民斩木揭竿纷纷参加起义。起义军分兵东进，主力则向西进攻，连下今豫东、皖北的铚、酂、苦、柘、谯（分别在今安徽宿县，河南永城、鹿邑、柘城，安徽亳州境）诸县。当他们推进到陈（今河南淮阳）的时候，已是一支数万人的声势浩大的队伍了。

◇陕西绥德扶苏墓

扶苏（？～前210）

秦始皇长子。扶苏年少时就机智聪颖，一副慈悲心肠，在政见上，反对实行焚书坑儒、重法绳之臣等政策，经常与暴虐的秦始皇背道而驰。于是，秦始皇下旨让扶苏到上郡监蒙恬军修筑万里长城。扶苏爱民如子、谦逊待人，深得广大百姓的爱戴与推崇。但是赵高等人篡改本来立扶苏为太子的遗诏，并赐蒙恬和扶苏死，扶苏最后自杀于上郡军中。

在起义军的影响下，许多郡县的农民杀掉守令，响应陈胜；特别是在旧楚国境中，数千人为聚者到处可见。一些潜藏民间的六国旧贵族、游士、儒生，也都乘机来归，凭借旧日的地位，在农民军中发挥影响。游士张耳、陈余甚至劝陈胜派人“立六国后”，被陈胜断然拒绝。陈胜自立为“张楚王”，分兵三路攻秦：吴广为“假王”，西击荥阳；武臣北进赵地；魏人周市攻魏地。吴广军在荥阳被阻，陈胜加派周文西击秦。

周文军很快发展到车千乘，卒数十万人，进抵关中的戏（今陕西临潼境），逼近咸阳。秦二世慌忙发修骊山陵墓的刑徒为兵，以少府章邯率兵应战，打败周文军。

武臣占领了旧赵都城邯郸后，在张耳、陈余怂恿下自立为赵王，陈胜勉强予以承认。武臣抗命不救周文，却派韩广略取燕地。韩广在燕地贵族的怂恿下，也自立为燕王。

周市进到旧魏南部和旧齐境内。旧齐贵族田儋自立为齐王，反击周市。周市在魏地立旧魏贵族魏咎为魏王，自为魏丞相，并派人到陈胜那里迎接魏咎。

旧贵族的势力很活跃，涣散了农民起义队伍。陈胜缺乏经验，决心不够，眼看着分裂局面的形成。陈胜周围也出现了不团结的现象。

秦将章邯军连败周文，周文自杀。章邯又东逼荥阳，吴广部将田臧杀吴广，迎击章邯，一战败死。章邯进到陈，陈胜败退到下城父（今安徽涡阳东南），被叛徒庄贾杀死，陈县失守。陈胜部将吕臣率领一支“苍头军”英勇接战，收复陈县，处决了庄贾。陈胜作为反秦的先驱者，领导起义只有半年就失败了，但是反秦的浪潮却被他激起，继续不断地冲击秦的统治。

楚汉之战

陈胜起义后，旧楚名将项燕之子项梁和梁侄项羽在吴（今江苏苏州）杀掉秦会稽郡守，起兵响应。不久项梁率领八千子弟兵渡江北上，队伍扩大到六七万人，连战获胜。闽越贵族无诸和摇也率领族人，跟着秦番阳令吴芮反秦。原沛县亭长刘邦和一部分刑徒逃亡山泽，也袭击沛令起事，归入项梁军中。项梁立楚怀王之孙为楚王。以后，项梁在定陶败死，秦章邯军转戈北上，渡河击赵。这时，代替蒙恬戍守朔方边塞的王离，也率大军由上郡（治今陕西榆林东南）东出，包围了张耳和赵王歇驻守的巨鹿城（今河北平乡境）。楚王派宋义、项羽救赵，派刘邦西入关中。宋义北至安阳，逗留不进。项羽

◇河南南阳汉画馆藏鸿门宴砖雕拓片

杀宋义，引兵渡漳河，经过激战，解巨鹿之围，被推为诸侯上将军。以后，秦将章邯率二十万人向他投降。刘邦迂回进入武关，到达咸阳附近。那时秦二世已被赵高杀死，继立的子婴贬去帝号，称秦王，在公元前 207 年十月向刘邦投降。刘邦废除秦的苛法，只约法三章，“杀人者死，伤人及盗抵罪”，深得秦人拥护。

项羽（前 232～前 202）

秦汉之际反秦起义军首领，军事统帅。名籍，字羽，下相（今江苏宿迁西南）人，楚国将门后裔。项羽身材高大，力气过人，可只手举鼎。二十四岁时，陈胜吴广起义爆发，于是随叔父项梁举兵反秦。次年九月，巨鹿之战率楚军救赵，渡漳河后破釜沉舟，奋力死战，大破秦军，并迫使秦将章邯全军投降，秦王朝的灭亡已成定局。秦亡后，项羽自立为西楚霸王，分封十八诸侯，但由于分封不均，引起内部很多人的不满，于是内战重燃，诸侯纷纷叛离。刘邦趁机进兵关中，迅速占领了关中地区，与项羽开始了历时三年多的“楚汉战争”。公元前 205 年，刘邦趁项羽北上击齐的机会攻楚，一举占领楚都彭城。项羽随即率三万精兵回击，大败刘邦。项羽虽军力强大，但是不善用人，缺乏全面筹谋，被动应付，以致兵疲食尽，丧失优势，最后被汉军围困于垓下，项羽自刎于乌江。

刘邦入咸阳后，项羽也立即率军入关，驻鸿门，然后进入咸阳，大肆烧杀掠夺。他在诸王并立的既成局面下，自立为西楚霸王，都彭城。并调整诸故王土地，徙置他们于其原据地的边缘，而把自己的亲信封于各国的善地为王。这样就并立着十八个王国，受制于西楚霸王。项羽的这一措施反而恶化了割据形势。不久齐国首先发难，诸侯混战再次爆发。

被项羽逼处巴蜀汉中一隅为汉王的刘邦，于汉元年（前206）五月，乘机进入关中，败项羽所封关中三王。接着领军东出，远袭彭城，退守于荥阳、成皋之间，与项羽相持。刘邦巩固了关中后方，又联络反对项羽的力量，转败为胜。汉五年十二月，与韩信、彭越等会攻项羽，项羽兵败垓下（今安徽灵璧境），退至乌江（今安徽和县境）自刎。同年六月，刘邦即皇帝位。

楚汉之战是由秦末农民战争直接演变而来的。农民战争虽然胜利地推翻了秦朝，但曾经是农民战争领袖的刘邦和项羽，却不得不逐步转化为封建统治权的角逐者。刘邦知人善任，因势利导，终于战胜项羽，登上了西汉统一王朝的皇帝宝座。

秦末农民战争推翻了贪婪残暴的秦统治集团，使社会得以前进。这次起义，是中国古代农民第一次大规模发动的起义，对后代农民起义起着激励斗志的作用。

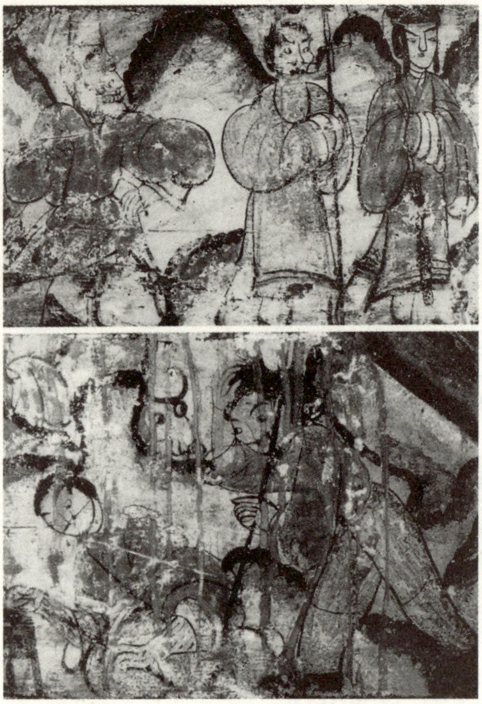

◇西汉壁画《鸿门宴图》，表现了刘邦至鸿门，范增默使项庄舞剑，意在杀刘邦，项伯亦起舞，以身掩护刘邦。继而樊哙带剑拥盾入军门，刘邦得以脱身的紧张激烈场面。

汉

◇汉高祖刘邦（前256～前195），西汉王朝的开国皇帝。字季。秦朝泗水郡沛县（今属江苏）人。在位七年，谥号高皇帝。出身平民，早年当过沛县泗水亭长，为人大度豪爽，不拘小节，喜欢结交豪杰之士，在朋友中颇有威望。他善于用人，能充分发挥部下的才能，所以能在楚汉战争中反败为胜，最终成就帝业。

汉（公元前202～220）是继秦朝而出现的统一王朝，包括西汉和东汉（也称前汉和后汉），分别建都于长安和洛（雒）阳。在两汉之际，还有王莽、刘玄两个短暂的统治时期。它们的年代分别如下：

西汉：前202～公元8年，王莽：公元8～23年在位，刘玄：公元23～25年在位，东汉：公元25～220年。

汉高祖刘邦建立的西汉王朝，各种制度基本上沿袭秦朝而有所增益，但在施政方面则以秦朝速亡为鉴，力求在稳定中发展。文景之治以后出现的汉武帝刘彻，以其雄才大略巩固并发展了秦始皇创立的统一事业和专制主义中央集权制度。他统治的半个世纪，是西汉王朝的鼎盛时期。武帝以后，西汉经济继续有所上升，但国力逐渐衰落，社会矛盾激化。王莽代汉未能缓和矛盾，终于爆发赤眉、绿林起义。

汉光武帝刘秀鉴于西汉以篡夺而亡，企图进一步加强专制皇权，剥夺相权。但是世袭的皇位制度不能保证每代皇帝都有能力实现皇权。封建田庄经济的发展，豪强地主势力的扩张，滋长着分裂因素。外戚、宦官贪立并挟持幼帝，迭相执政，使皇权旁落，矛盾重重，统治日趋腐朽。遍及许多州郡的黄巾起义瓦解了东汉王朝。公元189年东汉政权被权臣逼迫，迁离洛阳，从此至公元220年，东汉正朔虽存，但历史已进入三国时期。

西汉初年的“休养生息”

汉高祖稳定封建秩序的措施

楚汉之际四年多的战乱中，生产受到严重破坏，社会经济凋敝。农民大量流亡异乡，卖妻鬻子，城市人口减少，市场混乱。投机商囤积居奇，物价踊贵，米一石值万钱，马一匹价百金。新建立的西汉政权，府库空虚，财政困难，天子找不到四匹同色的马来驾车，将相有时只好乘牛车出门。

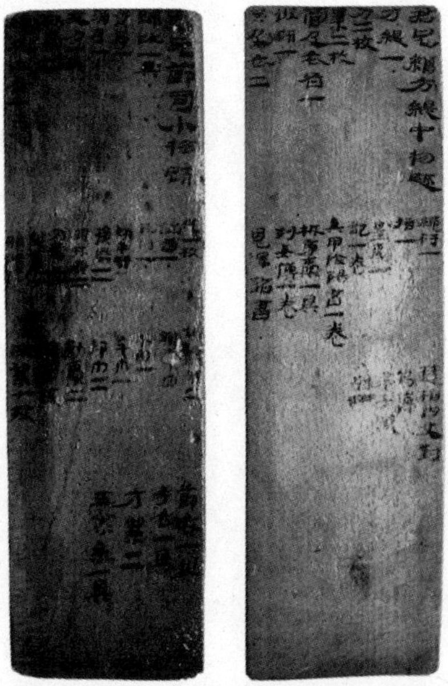

◇江苏连云港尹湾汉墓出土简牍正反

面对这种残破局面，汉高祖刘邦不得不把恢复农业生产，稳定封建秩序，作为自己的首要任务，为此采取了一些重要的措施：

①兵士罢归家乡。入关灭秦的关东人愿留在关中为民的，免徭役十二年，回关东的免徭役六年。军吏卒无爵或爵在大夫（五级爵）以下的进爵为大夫，大夫

以上的加爵一级，并一律免除本人及全家的徭赋。归农的军吏卒，按照爵级高低，也就是军功大小，给予田宅。他们之中除少数高爵的上升为地主外，大部分还是一般农民。这些农民在和平安定环境中获得了土地，提高了生产积极性，是汉初稳定农村秩序、恢复农业生产的一支重要力量。

②命令在战乱中聚保山泽的人各归本土，恢复故爵、田宅。承认各地小吏在战争时期占夺的土地。这些恢复故爵、田宅或新获得土地的人，大多数是汉初社会中的地主。原来出身于农民或贫民、以军功获得高爵和较多土地的人，也成为汉初的地主。按照制度，爵在七大夫（即公大夫，七级爵）、公乘（八级爵）以上的，当时算是高爵。对于他们除了优先获得田宅以外，还获得若干户租税的封赏，叫做食邑。这些新形成的军功地主，是西汉王朝的主要支柱。

③以饥饿自卖为奴婢的人，一律免为庶人。

④抑制商人，不许他们衣丝、操兵器、乘车骑马，不许他们做官，加倍征收他们的算赋，以限制商人对农民的兼并。

⑤减轻田租，十五税一。

汉高祖认为临时颁行的约法三章不足以“御奸”，命丞相萧何取秦法加以损益，制定《九章律》，作为巩固统治的重要工具。

◇陕西汉中“汉相国萧何追韩信至此”碑

汉高祖命陆贾著书论说秦失天下的原因，陆贾在他所著《新语》一书的《无为》篇中指出：秦代事功越烦，天下越乱；法禁越多，奸宄越盛；兵马越众，敌人越多。秦始皇并非不欲为治，但秦朝崩溃，正是由于举措太暴，用刑太过的缘故。从陆贾所揭示的历史教训中，汉初统治者认识到，在当时的条件下，只有轻徭薄赋慎刑，才能缓和农民的反抗，巩固自己的统治。这样就形成汉初“黄老无为”的政治思想。汉高祖以及文景时期的许多措施，正是这种无为思想的体现。

萧何（？～前193）

西汉初年大臣。沛（今江苏沛县）人。早年任秦沛县狱吏。秦二世元年（前209）随同刘邦起兵。攻克咸阳后，诸将皆争夺金银财宝，萧何却忙于清查秦丞相、御史府所藏的律令、图书，使刘邦得以掌握全国户口、民情和地势。这足见萧何的深谋远虑。刘邦被封为汉王后，萧何劝说刘邦以巴蜀为基地，与民休息，招纳贤才，然后占据三秦，再与项羽争夺天下，并推荐韩信为大将军。楚汉战争时，萧何负责兵员和粮饷的筹措与补给，保证了前线兵员粮饷的供应，促使战局发生了根本转机。因此，刘邦称帝后，以萧何功劳最高，位次第一，食邑八千户。萧何还奉命重新制订了律令。汉高祖死后，萧何辅佐惠帝。他病危时，推荐曹参继任相国。

文景之治

惠帝、吕后时期（前194～前180），无为思想在政治上起着显著作用。丞相曹参沿袭萧何辅佐汉高祖的成规，

◇曹参（？～前190），西汉王朝开国功臣。沛（今江苏沛县）人。公元前193年，相国萧何去世，临终时推荐曹参继任国相。曹参在朝廷任丞相三年，极力主张清静无为不扰民，遵照萧何制定好的法规治理国家，使西汉政治稳定、经济发展、人民生活日渐提高。这也是成语“萧规曹随”的来历。

无所变更。在这十五年中，很少兴动大役。惠帝时修筑长安城，每次发民为期不过一月，而且都在冬闲的时候进行。惠帝四年（前191）罢省妨碍吏民的法令，废除秦始皇焚书时颁行的“挟书律”。吕后元年（前187），又废除夷三族罪和以过误之语为妖言而加以重责的所谓“妖言令”。十五税一的田租制度和边境戍卒一岁一更的兵役徭役制度，也在这时重新确定。景帝二年（前155）把秦时十五（一作十七）岁傅籍给公家徭役改为二十岁始傅（著于汉律的傅籍年龄为二十三岁，是武、昭时事）。

◇西汉“汉并天下”瓦当

文帝、景帝统治时期（前179～前141），继续“与民休息”，社会经济逐渐发展，史称“文景之治”。

汉文帝刘恒重视农业，屡诫百官守令劝课农桑。文帝十三年（前167）诏免田租；景帝元年（前156）复收田租之半，即三十税一，并成为汉朝定制。文帝时，丁男徭役减为三年征发一次，算赋也由每年百二十钱减为四十钱。长期减免田租徭赋，促进了广泛存在的自耕农民阶层的发展。西汉初年大侯封国不过万家，小的五六百户；到了文、景之世，流民归还田园，户口大规模地增长，列侯大者至三四万户，小的封国也户口倍增，而且比过去富实得多。户口繁息的迅速，是自耕农民阶层得到发展的具体说明。

◇汉文帝刘恒（前203～前157），汉高祖刘邦中子，母为薄姬。

农业的发展，使粮价大大降低，文帝初年粟每石十余钱至数十钱。商业也活跃起来了。文帝十二年一度取消过关用传（一种由官府颁发的通过关津的凭证）的制度，有利于行旅来往和商品流通。文帝弛山泽之禁，促进了盐铁业的发展。农民有山泽得以渔樵，有利于生活和生产。

◇陕西西安临潼出土的西汉“黍粟万石”陶仓

随着粮价的下降和商业的活跃，也出现了新的问题，即大商人势力膨胀，侵蚀农民，使一部分农民破产

◇明代《杜堇伏生授经图》。伏生为汉代济南人，字子贱，原为秦博士。秦始皇焚书坑儒后，儒学受到极大打击，至西汉文帝时，求能治《尚书》的人，时伏生已九十余岁，老不能行，文帝派晁错前往，得到二十八篇，即《今文尚书》。此图表现的就是这个题材，图中倚坐在方席上的老者是伏生，伏案疾书者是晁错，正在记录伏生所授经文。

晁错（？～前154）

西汉前期政治家。颍川（今河南禹州）人，文帝时任太常掌故、太子家令等职。在教导太子中受理深刻，辩才非凡，被太子刘启（即后来的景帝）尊为“智囊”。景帝即位后迁升御史大夫。

流亡。文帝、景帝都曾重申商人不得为吏的禁令，企图限制商人的发展。为了提高谷价，缓和谷贱伤农的现象，晁错向文帝提出了“入粟拜爵”的建议，准许富人（主要是商人）买粟输边，按所输多少授爵。输粟达六百石者爵上造（二级爵），达四千石者爵五大夫（九级爵），达万二千石者爵大庶长（十八级爵）。按照秦汉制度，爵级可以累计，高爵者可以得到相应的特权。晁错又建议，入粟输边实行后，如果边境积粟够用五年，可令入粟者输于郡县，使郡县也有积粟；边境和郡县都已充实，就可以免除天下田租。入粟拜爵办法的实行，使农民的处境有所改善。

文帝统治期间，宫室苑囿，车骑服御，都无所增益。文帝为了节省黄金百斤而罢建露台。这对地主、商人中正在兴起的奢靡之风，多少会起一些制约作用。

◇汉景帝刘启（前189～前141），文帝太子，母为窦皇后。

文帝废除了汉律中沿袭秦律而来的收孥相坐律令，缩小了农民奴隶化的范围。文帝、景帝又相继废除了黥、劓等刑，减轻了笞刑。这个时期，官吏不滥用刑罚，断狱但责大指，不求细苛；定刑可上可下者从轻处理。

但是文景时期一些看来对农民有利的措施，对地主、商人更为有利。例如减免田赋，地主获利最大；入粟拜爵，也有助于大商人政治地位的提高。所以这些措施归根到底还是会助长兼并势力，加剧阶级矛盾。

削弱王国势力

汉初七十年的历史，是社会经济从凋敝走向恢复和发展的历史，也是中央集权逐步战胜地方割据的历史。

西汉初年，六国旧贵族如齐之田氏，楚之昭、屈、景氏和怀氏以及燕、赵、韩、魏之后，仍然是强大的地方势力。汉高祖把这些旧贵族以及其他“豪杰名家”十余万口，迁到长安附近。这次迁徙的规模很大，据说使得关东“邑里无营利之家，野泽无兼并之民”，六国旧贵族和豪杰的分裂活动被控制了。

西汉社会中还有另一种割据势力，这就是汉高祖在战争年代为了合力击楚而分封的诸侯王。汉五年（前202），功臣为王者七人，即楚王韩信、梁王彭越、淮南王英布、韩王信、赵王张敖、燕王臧荼、长沙王吴芮，史称异姓诸侯王。异姓诸侯王据有关东的广大区域，大体相当于六国故地。他们拥兵自重，各据一方，是统一的隐患，是中央集权的严重障碍。汉高祖采取了断然手段，来消灭异姓诸王。他首先消灭燕王臧荼，立卢绾为燕王。从六年到十二年，又接连消灭楚、韩、赵、梁、淮南和燕等六王。只有长沙王由于其封国僻远，又处在汉与南越的中间地带，可以起缓冲的作用，所以直到文帝时才以无后而国除。

韩信（？～前 196）

◇韩信像

汉初军事家。淮阴（今属江苏）人。家贫。陈胜、吴广起义后，韩信始投项梁，继随项羽，后投奔刘邦。经丞相萧何力荐，始为大将，协助刘邦制定了还定三秦以夺天下的方略。楚汉战争期间，韩信率兵数万，开辟北方战场。破魏之战，俘获魏王豹。井陉之战，大破赵军。潍水之战，将齐、楚联军各个击灭。汉高祖四年（前 203）二月，被封为齐王。韩信熟谙兵法，战功卓著，为汉王朝的创建作出了重要贡献。刘邦虽用韩信，但是心存疑忌，所以在项羽败亡后，即夺其兵权，徙为楚王，继又黜为淮阴侯。吕后知刘邦疑忌韩信，与萧何定计，于汉高祖十一年正月诱韩信至长乐宫，以谋反罪名杀之。这也是后来人们常说的“成也萧何，败也萧何”一语的由来。

这时，汉高祖既没有直接控制全国的力量，又认为秦朝不分封子弟招致速亡，所以在异姓王的旧地陆续分封自己的子弟为王，用以藩屏汉室，史称同姓诸侯王。当时同姓王国有九，封地犬牙相制，每个王国都无法独树旗帜，对抗朝廷，西汉统治看起来非常牢固。汉高祖还与群臣共誓，“非刘姓不王”。大的王国跨州兼郡，连城数十，如齐国辖地六郡七十三县，代、吴两国各三郡五十三县，楚国三郡三十六县。与此同时，中央直辖土地不过十五郡，大体相当于战国后期的秦国，其中还夹杂了不少列侯封国和公主“汤沐邑”。这种局面，依旧是干弱枝强。为了控制诸侯王国，汉政府规定中央派太傅辅王，派丞相统王国众事，并重申无皇帝虎符不得发兵。但是王国得自置御史大夫以下官吏，自征租赋，自铸货币，自集军队，实际上仍然处于半独立状态。

吕后统治时期，大封诸吕为王、侯。吕后死，刘氏诸王与西汉大臣合力消灭了诸吕的势力，迎立代王刘恒为帝，是为文帝。文帝时期同姓王的势力更加发展。贾谊在《治安策》中认为当时形势是中央弱而王国强，像

贾谊（前200～前168）

西汉初期政治家、思想家。洛阳人。十八岁即“以能诵诗书属文称于郡中”，二十二岁由廷尉吴公推荐，被汉文帝征为博士，旋迁太中大夫，颇受重用，并议“任公卿之位”。大臣周勃、灌婴等“专欲擅权，纷乱诸事”，对他进行诋毁和排挤，于是被贬为长沙王太傅。后又被召回京师，任文帝少子梁怀王太傅。梁怀王坠马死后，他“自伤为傅无状”，忧伤而亡，年仅三十三岁。他的著作，经后人整理为《新书》十卷。

◇贾谊像

肿病患者一样，肢体和指头不能屈伸。他说，天子的近属有的并无封地以为藩屏，而天子的疏属有的却拥有足以逼迫天子的实力。他认为，要使天下治安，最好的办法莫过于“众建诸侯而少其力”，诸侯国小力弱，不易产生邪心，天子也便于控制。这样，天子治理天下，就能够指挥如意，像身之使臂，臂之使指。贾谊的建议，在

◇周亚夫（? ～前143），西汉名将。周勃之子，官至太尉、丞相。治军严整，平叛有功。后因其子犯法株连下狱，绝食而死。

当时没有被采纳，但是贾谊死后四年，即文帝十六年（前164），文帝分齐国之地为六国，分淮南国之地为三国，实际上就是贾谊“众建诸侯”之议的实现。

继贾谊之后，晁错屡次向文帝建议削夺诸王的封土。景帝时，吴国跋扈，晁错又上《削藩策》。他说诸王“削之亦反，不削亦反。削之，其反亟，祸小；不削之，其反迟，祸大”。景帝三年，用晁错之策，削赵王常山郡，削胶西王六县，以次削夺，将及吴国。景帝三年（前154），吴王濞就联络楚、赵、胶西、胶东、淄川、济南等六国，发动了波及整个东方地区的叛乱，史称“七国之乱”。

七国之乱，是地方割据和中央集权之间矛盾的爆发。叛乱初起，汉景帝刘启诛晁错以谢吴王，但吴王并不息兵。由于梁国的坚守和汉将周亚夫所率汉军的进击，叛乱在三个月内就被平定了。七国之乱平定以后，景帝巩固削藩成果，损黜王国官制及其职权，降低诸侯王权力，规定诸侯王不再治民。从此诸侯王强大难制的局面大为缓和，中央集权走向巩固，国家统一显著加强了。

对匈奴的和亲和对南越的安抚

秦汉之际，匈奴越过河套，向南进入蒙恬所取“河南地”。汉初，与匈奴大体上相持于今兰州、固原、横山、榆林、托克托一线的边塞。

汉高祖消灭异姓诸王的过程中，其封国邻接匈奴的诸王有的投降匈奴，有的勾结匈奴内侵。高祖于汉七年（前200）进击投降匈奴的韩王信时，曾被匈奴围困在白登（今山西大同东北）。以后，匈奴常常寇边，掳掠人畜。娄敬向汉高祖建议与匈奴结“和亲”，劝高祖以嫡长公主嫁给匈奴冒顿单于，厚备奁资，每年馈赠絮缯酒食等礼物，以缓和匈奴的侵扰。娄敬说，冒顿单于在世，是汉家的女婿；死后儿子做单于，是汉家的外孙，外孙自然不敢与外祖分庭抗礼。高祖用娄敬之议，取“家人子”为公主，与匈奴结和亲，并开放汉与匈奴之间的关市。

◇明仇英《明妃（昭君）出塞图》（局部）。西汉对匈奴采取和亲政策，后汉帝亦遣宫人王昭君嫁于匈奴呼韩邪单于。

文景时期，继续与匈奴和亲，厚予馈赠，但是匈奴仍然不断侵犯边境，每次入塞，都要抢走人畜，毁坏庄稼。文帝十四年（前 166），匈奴南下，游骑迫近长安。为了抵抗匈奴的侵扰，文帝用晁错之议，募民迁徙塞下，垦田筑城，加强边防。晁错所倡入粟边塞者得以拜爵的办法，正是在匈奴威胁严重的时候提出来的。

南越之地本是秦朝的郡县，越、汉杂居。秦末，秦龙川令赵佗行南海尉事，占据岭南，绝道聚兵自守，自立为南越王。赵佗依靠汉越地主贵族，采用秦和汉初的政治制度，进行统治。他治理南越很有条理，秦时由中原谪徙岭南的居民，在战乱中得以少受损害，而越人各部彼此攻击的习俗，也大有改变，在一定的时期内起了保境安民的作用。

高帝十一年（前 196），派陆贾出使南越，册封赵佗为南越王，剖符通使，使他“和集百越”。赵佗接受了汉朝封号，愿为藩辅。吕后统治时期，严边防之禁，不许把铜、铁、农具和母畜运往南越。赵佗反对这项政策，一度自称南越武帝，与汉朝皇帝相抗衡。他还进攻长沙国，控制闽越、西瓯，使南越成为“东西万余里”的大国。吕后派周灶率军出征南越，军未逾岭而罢。汉初汉军使用过的两幅帛制长沙国南部地区地图，在长沙马王堆汉墓出土。这是中国现存最早的地图。

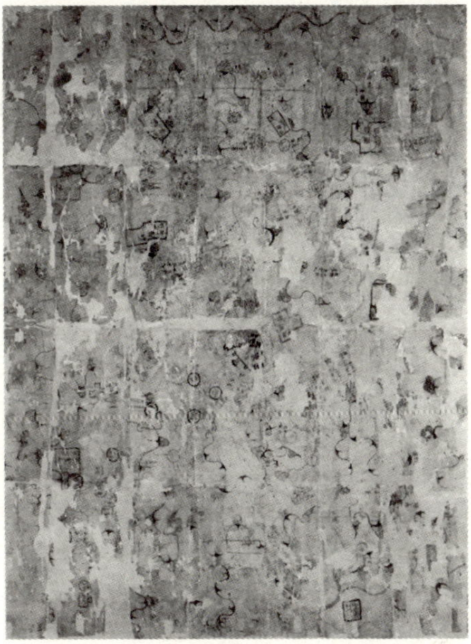
◇湖南长沙马王堆汉墓出土长沙国南部驻军地图

文帝为了“休养生息”，尽量避免对南越用兵。他按照赵佗的要求，罢省边界戍军，并为赵佗修治真定（今河北正定东南）祖坟，给赵佗在故乡的兄弟以官职和赏赐。在这种情形下，陆贾再次出使南越，赵佗答应取消帝号，恢复藩属关系。

闽越贵族无诸和摇，率部众参加过反秦起义，以后又助汉灭楚。汉初，无诸受封为闽越王，都东冶（今福建福州）；摇受封为东海王（又称东瓯王），都东瓯（今浙江温州）。东瓯王、闽越王都参与了七国之乱，但景帝对他们没有追究。

西汉社会经济的发展

铁农具、牛耕的普遍使用和农业的发展

汉初至文、景的六十多年内，社会经济逐渐由凋敝状态中恢复过来并且走向发展，到武帝时，便出现了一种繁荣富庶、国库充足的景象。据司马迁说，当时太仓和城乡仓库粮食丰积，陈陈相因，以至于腐败不可食；府库货财充斥，钱串都朽断了。

西汉初年，铁制农具已推广到中原以外的很多地区。武帝时冶铁制器归国家垄断，铁农具的传播更为迅速。不但在中原地区，而且在今辽宁、甘肃、湖南、四川等省以及更远的一些地方，都有西汉的铲、镬、锄、镰、铧等铁制农具出土。出土铁犁铧数量很多，宽窄大小不一。这是各地区因地制宜地发展犁耕技术的结果。最大的铧宽达四十二厘米，这也许是为开沟作渠等农事需要而铸造的农具。

◇陕西米脂出土的《汉朝牛耕图》

◇陕西咸阳窑店出土的铁铧

汉代兼用马耕和牛耕，但主要靠用牛。从考古所获西汉牛犁模型、牛耕壁画和犁铧实物等看来，西汉普遍使用所谓二牛抬杠的犁耕法。《汉书·食货志》中所说的二牛三人的耦犁，也是二牛抬杠。由于扶犁人使用牛辔穿牛鼻导引耕牛，省去了牵牛的人力，出现了二牛一人的犁耕法，这是犁耕法的重大进步。西汉末年，又出现了一牛一人的犁耕法，可能是用于熟地的耕作。武帝以后，随着大规模徙民边陲，进行屯田，牛耕技术传到西北。为了保护耕畜，秦汉法律都规定，偷盗马和牛，要加重惩罚。犁耕技术传播的同时，播种用的耧犁也开始使用，西汉晚期，耧犁已传到辽阳一带，辽阳的汉末村落遗址和北京清河汉代遗址中，都发现铁制耧足。

武帝时由于大规模战争的消耗，耕马、耕牛严重不足，价格昂贵，北方一度出现以人挽犁的现象。经济落后的淮南地区，还是蹠耒而耕。江南大部分地区仍处于伐木燔莱，火耕水耨的阶段，同北方的农业生产水平相差很远。

西汉初期，农民已有“深耕概种，立苗欲疏”的经验。武帝末年，赵过推行代田法。代田法是先把土地开成深广各一尺的沟，叫做甽，甽旁堆成高广各一尺的垄。下种时把种子播在甽中，可以防风保墒。苗长出后进行耨草，用垄上的土和耨除的草培植苗根。盛夏垄土用尽，甽垄培平，作物的根既深且固，不畏风旱。甽垄的位置每年互相调换，轮流种植，以恢复土壤肥力。代田法在长安附近试验的结果，每亩产量比缦田（不作甽的田）超过一斛甚至二斛以上，所以很快就被推广。边远各郡也使用了代田法，居延汉简上有代田记载。赵过除了推行代田法以外，还改进了农具，颇为便巧。

◇陕西咸阳窑店出土的鐴土

◇西汉虎背牛饰件

西汉时期，水利事业很发达。武帝时，关中开凿了许多渠道，形成一个水利网。漕渠自长安引渭水东通黄河，便利了漕运，还能溉地万余顷。泾水与渭水之间，修建了白渠，与原有的位于泾洛之间的郑国渠平行，溉田四千五百顷。当时有歌谣赞美这一渠道说：“田于何所？池阳谷口。郑国在前，白渠起后。举臿为云，决渠为雨。水流灶下，鱼跳入釜。泾水一石，其泥数斗，且溉且粪，长我禾黍，衣食京师，亿万之口。”其他如龙首渠、六辅渠、灵轵渠、成国渠等溉田都很多。龙首渠在洛水旁，由于渠岸易崩，它的某些段凿成若干深井，井与井间有水流通，叫做井渠。这种修渠方法，在沙土地带特别有用。京畿以外，关东地区也兴修了一些水利。如汉初羹颉侯刘信在舒（今安徽庐江西南）修造七门三堰，灌溉田亩。文帝时文翁在蜀郡穿湔江以灌溉繁县土地。武帝时，朔方、西河、河西、酒泉等郡引黄河及川谷之水，汝南、九江等郡引淮水，东海郡引钜定泽，泰山郡引汶水，都穿渠溉田各万余顷。其他各种小的水利工程，更是举不胜举。南阳太守召信臣调查郡中水泉，开沟渎，起堤闸，溉田至三万顷。西汉时中原种植水稻，主要就是依靠这种水利灌溉。至于凿

◇陕西泾阳郑国渠遗址

井灌溉，北方到处都有，甚至居延边地，也凿井开渠，进行屯垦。西汉时期最重要的水利工程，是治理黄河。文帝十二年（前 168），黄河在酸枣（今河南延津西南）决口；武帝元光三年（前 132），黄河又自瓠子（今河南濮阳附近）经巨野泽南流，灌入淮泗，泛滥达十六郡。丞相田蚡封地在鄃（今山东高唐东北），地在黄河以北，他为了使自己的封地不受水灾，力阻修复故道，所以黄河泛滥越来越严重。元封二年（前 109），武帝发卒数万人堵塞决口。武帝曾巡视工地，并命随从官员自将军以下，都负薪填决河。经过这次修治，黄河才流归故道，八十年中未成大灾。

◇内蒙古和林格尔出土的农耕壁画

铁农具、牛耕的普遍使用，水利的发达，农业技术的进步，使西汉时的农业生产提高到一个新的水平。昭帝、宣帝以后，没有大规模的战争，全国经济发展更为显著。据西汉末年的统计，当时全国有户一千二百二十多万，口五千九百五十多万（据郡国人口数核算，实得口五千七百四十余万）；全国垦田数达到八百二十七万多顷。这就是西汉农业发展规模的一个约略的说明。

手工业的发展

在西汉的手工业中，冶铁业占有重要地位。西汉冶铁技术比战国时有了重大的发展。西汉后期，吏卒徒开山采铜铁，每年用人十万以上，规模是很大的。汉代东至东海，西至陇西，北至辽东，南至犍为，包括某些诸侯王国在内，都有铁官，这些大体上就是汉武帝以后冶铁制器的基地。

山东、河南等省都发现冶铁遗址，其中河南巩县、郑州的冶铁遗址规模最大。包括矿坑、工场以及从开采矿石到制出成品的全部生产设备。巩县铁生沟遗址发现了矿石加工场所，发现炼炉、熔炉、煅炉共二十座。郑州古荥遗址的炼铁炉，是现知汉代炼铁炉中最大的，其中一座，估计日产生铁可达一吨。古荥遗址资料表明，当时生铁冶炼和加工工艺有较大的进步。遗址中炼铁的燃料，除木材外，还有原煤和煤饼，这是现在所知的中国历史上最早用煤的遗存。淬火法已开始应用，这大大提高了铁器的坚韧和锋利程度。出土铁器，有农具，也有工具，出土的地点非常多。汉初的铁兵器，各地常有发现；武帝以后，铁兵器更多，替代了铜兵器所居的主要地位。西汉中期以后，铁制的日用器皿也逐渐增多。

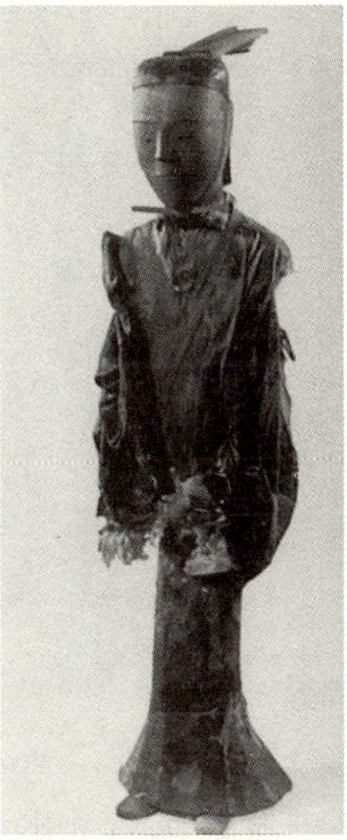

◇湖南长沙马王堆出土的戴冠着衣男木俑

西汉的采铜和铜器手工业也很发达。铜主要产在江南的丹阳郡和西南的蜀、越巂、益州等郡。汉初准许私人仿铸货币，所以铸钱场所分布在一些郡国中。武帝时铸币权集中到中央，在上林苑三官铸钱。西汉货币发现极多，铸币用的铜料、铸范以及铸所遗址也有发现。铜器制造主要属少府和蜀、广汉等郡工官，也有很多出于私人作坊。由于铁器漆器的兴起，铜器在汉代已失去了昔日的独特地位，但皇室、诸王和大官僚仍然喜爱精美的铜制器皿。铜制器皿的生产规模颇大。铜镜、铜灯、铜熏炉等物，近年常有出土，最多的是铜镜，是日用必需品。

◇陕西西安汉长安城武库遗址出土铁矛

丝织业是西汉的重要手工业之一，是北方居民的家庭副业。临淄（今山东临淄）和襄邑（今河南睢县）设有规模庞大的官营丝织作坊，产品供皇室使用。元帝时，临淄三服官作工各数千人，“一岁费数巨万”。长安的东西织室规模也很大，每年花费各在五千万钱以上。织缣帛一般用比较简单的所谓腰机。高级丝织品已采用提花织造，但工艺复杂，产量有限。巨鹿陈宝光妻的绫机用一百二十镊，能织成各式各样花纹的绫锦，六十日始能织成一匹，匹值万钱。长沙马王堆西汉侯轪夫人墓中，出土大量丝织物，包括完整的服装和其他杂品。丝织物有绢、缣、绮、锦、纱、罗等种类，花纹色泽丰富多彩。对这些丝织物

◇湖南长沙马王堆出土的茱萸纹绣绢

的科学研究，证明西汉人民在植桑育蚕、缫丝纺纱、织造印染方面，都取得了重大的成就。西汉的丝织物通过馈赠、互市或贩卖，大批输往边陲各地，远至中亚各国和大秦。

西汉漆器出自蜀、广汉以及其他各处工官，漆器加鎏金釦或银釦，称为釦器。漆器和釦器都是名贵的手工业品，《盐铁论》所举当时富人使用的银口黄耳，金错蜀杯，就是这类器物。在国内许多地方的汉墓中，出土漆器釦器很多。马王堆汉墓，出土漆器达一百八十多件，多数是木胎，少数是夹纻胎、竹胎，色泽光亮，造型精美。朝鲜平壤的乐浪王盱墓及其他墓葬中，蒙古诺颜乌拉匈奴贵族墓中，也发现了大量的汉代漆器和釦器。漆器制作复杂，分工精细。见于漆器铭文的工名有素工、髹工、上工、铜耳黄涂工、画工、汎工、清工、造工等多种，这说明《盐铁论》中“一杯棬用百人之力，一屏风就万人之功”的说法，是有根据的。

◇汉代人物画像三羊漆盖盒

此外，煮盐（包括海盐、池盐、井盐）、酿造等业，在西汉时都是重要的手工业行业，生产规模和技术都超过前代。

汉代人民衣着所需的织物，就全国总产量而言，大部分出自男耕女织的家庭手工业，其中，北方农村以丝为主，南方农村以麻为主。家庭手工业品主要供农户自用，多余的在市场出卖。至于官府手工业品，除盐、铁等在武帝以后由官府垄断者外，一般说来质量虽精，数量并不多，在全国总产品中不占很大的比重。

◇湖南长沙马王堆出土的青丝履

在上述各种手工业中，官营作坊的劳动者主要是吏、卒、刑徒、官奴婢和少数佣工；私营作坊主要是僮仆、佣工，其中很多来自逃亡农民。

商业的发展

随着农业、手工业的发展，商业也繁荣起来了。据《史记》记载，西汉时期全国已形成了若干经济区域，每个区域都有大的都会。关中区域膏壤千里，最为富饶。

首都长安户八万余，口二十四万六千，是全国最繁华最富庶的城市。长安城周围六十五里（据实测，周长二万五千七百米，合当时六十二里强），有十二门、八街、九陌、九市、一百六十闾里，它的布局，基本上已为考古发掘所证实。长安城的每个城门都有三个宽达六米的门道，以三条并列的道路通向城中，城市街陌也是三道并列。长安城的中部和南部是宫殿和官署。西北隅的东西九市，是长安城内的商业和手工业区，与居民闾里邻近。考古发掘所显示的长安城内这种政治区和经济区的布局，与《周礼·考工记》所说“面朝背市”的都市建筑制度符合。长安市上除有本地和附近的各种物产包括官府手工业的产品出售以外，还有从全国各地运来的货物出售。

◇新疆民丰尼雅遗址出土的罗

洛阳、邯郸、临淄、宛、成都（当时合称五都）、番禺等城市，是全国主要的都会。蓟、阳翟、寿春、江陵、吴等，也都是一方的都会。全国各地区、各都会之间，有大道相联。在这些大道上，驿传罗布，车马杂沓，货物转输，络绎相属。江南多水，船是比车更重要的交通工具。吴王濞所造航行于长江的船只，一船所载相当于北方数十辆车。今广州、长沙等地的汉墓中，发现有木

◇甘肃武威雷台出土的铜轺车

车、木船和陶船的模型，从模型看来，当时的船有锚、舵，结构坚固，可载重致远。广州曾发现汉代造船遗址。

出现在通都大邑里的商品，有牲畜、毛皮、谷物、果菜、酱醋、水产、帛絮、染料、木材、木器、铜铁器等类。奴隶被当作一种商品，在市场上出卖。高利贷也成为一种重要行业，它的盛行，是促使农民破产的原因之一。大高利贷者被称为子钱家，列侯封君都向他们告贷。

◇汉代陶船

西汉中期以后，对外贸易发达起来。自河西走廊经塔里木盆地南北边缘通向中亚、西亚以及更远地区的道路，已经畅通。沿着这条道路，运入各种毛织物和其他奢侈品，运出大宗丝织品。西方人称这条道路为“丝绸之路”。海上贸易的重要港口是番禺（今广东广州）。近年来广州、贵县、长沙等地，经常发现玻璃、琥珀、玛瑙等古物，其中一部分是从海外运进来的。

西汉社会各阶级的状况

在西汉封建社会中，基本的阶级是彼此对立的地主阶级和农民阶级。地主阶级包括皇帝、贵族、官僚以及一般的地主，是封建统治阶级。农民阶级包括自耕农、佃农和雇农。手工业者的经济地位相当于农民。农民和手工业者是主要的被统治阶级。商人的经济地位比较复杂，大商人一般都是大地主，是统治阶级的一部分；小商贩的经济地位类似手工业者和自耕农，是被统治阶级的一部分。除此以外，还有数量颇大的奴婢，他们的身份和经济地位最为低下。他们虽然不是汉代封建社会的

◇四川德阳出土的汉代庖厨画像砖

基本阶级，但是在生产中还具有一定的地位。

◇表现农业生产活动场面的西汉壁画

在西汉社会经济的发展中，各个阶级都在一定程度上起着变化。地主阶级和大商人迅速扩充势力，强占民田，役使和盘剥农民，掠夺财货奴婢，其中一部分逐步发展成豪强大族。农民阶级中的自耕农，经过汉初一个较稳定的发展时期后，少数上升为地主，多数则逐步陷入困境，从中分离出大量的人，成为“游食”的小商贩，或者成为佃农、佣工和奴婢。

地主阶级

地主阶级掌握着政权，拥有大量的土地。居于这个阶级最上层的，是以皇帝为首，包括诸侯王、列侯和大官僚（很多大官僚也有列侯或其他封号）的贵族地主。参加过反秦起义，在汉初获得官、爵的军功地主，是地主阶级中的一个重要阶层。皇帝在全国（主要是在直辖郡内），诸侯王在王国内，列侯和其他高爵的军功地主在封域或食邑内，凭借国家机器，强迫农民缴纳租赋，提供无偿劳役。中央政权的租赋所入，由大司农掌管，用来养活官吏和军队。皇帝还以山川园池市肆租税之入作为“私奉养”，置少府官主领。最晚到汉武帝时，少府以及一些别的官府开始向贫民出假公田，榨取租税。武帝置水衡都尉，统一铸币是其职能之一，铸币赢利亦入少府。元帝时，百姓赋钱藏于都内（大司农属官）者四十万万，同时，水衡藏钱二十五万万，少府藏钱十八万万。少府、水衡钱供皇帝私奉养者数目十分巨大。

◇ 湖南长沙马王堆出土的“信期绣”绢手套

地主阶级掠夺土地日趋严重，官僚地主更为突出。萧何在关中贱价强买民田宅，田蚡向窦婴强索长安城南田，霍去病为生父中孺买民宅奴婢，淮南王安后荼、太子迁、女陵和衡山王赐，都侵夺民田宅。成帝丞相张禹买泾渭之间膏腴上田至四百顷，又请成帝赐与平陵（昭帝陵）附近的肥牛亭部地，成帝诏徙亭它所，而以其地赐禹。甚至成帝自己也置私田于民间。西汉中期以后，拥有土地三四百顷的大地主为数不少，个别大地主的土地甚或至千顷以上。如武帝时酷吏宁成买陂田千余顷，哀帝宠臣董贤得哀帝所赐苑田竟至两千余顷。

农民阶级

◇西汉彩绘侍女俑

西汉政权继续用户籍制度控制人户。举凡姓名、年纪、籍贯（郡、县、里）、爵级、肤色、身长、家口、财产（田宅、奴婢、牛马、车辆等及其所值），都要在户籍上一一载明。汉代州郡，每年都要通过“上计”，向中央申报管内的户口数和垦田数。在列入户籍的编户齐民中，人数最多的是自耕农民。

西汉封建国家对自耕农的剥削，较之秦代有所减轻。但是就西汉生产力水平而言，农民租赋负担仍然沉重。据文帝时期晁错的估计，五口之家的农户，种地百亩，不计副业收入，每年约收粟百石。丁壮日食五升，通家合计，一年食用当占所收的大半。汉制，民年十五至五十六，岁纳百二十钱，叫做算赋；七岁至十四岁的儿童，岁纳二十钱（武帝时增至二十三钱），叫做口赋。赋钱之

◇四川彭州出土的汉代舂米画像砖

重，大大超过三十税一的田租。汉代农民兵徭负担也很重。通常的农户，每户应服兵徭的男丁约为两口，为了不误耕作，就要以每人若干钱的代价雇人代役。农家卖粟纳口赋、算赋和雇人代役，所收之粟就所余无几甚至没有剩余。进行再生产所需的种子、耕畜、农具等项支出，以及农民衣着、杂用所费，还未计算在内，这些费用能否筹到，就要视副业（主要是纺织）收入的有无多寡而定了。

西汉时期，粮食和土地价格因时因地而有不同，但一般说来是偏贱的。粮价如前所述，文景时每石高不足百钱，低则十余钱。田价则关中和洛阳上田，每亩千余、两千、三千钱不等；居延边地，每亩约值百钱。但是农民所需耕牛，一头值数千钱以至万余钱。西汉耕作，一般是二牛一犋，

◇甘肃武威磨嘴子出土的彩绘木牛车

农户当备置二牛。马当时也是耕畜，由于战争的需要，更为昂贵，每匹低则四千，高则若干万。铁器、衣物和食盐，价格都不贱。物价的这种不平衡状态，对于地主、商人的剥削兼并有利，对于农民极为不利。农民贱价出卖谷物，甚至出卖土地，高价购买耕畜、农具和其他必需品，进出之间，损失很大。何况纳税季节，地主、商人乘农民之急，还要将粟价压而又压。这也是农民生活困苦的重要原因。

还在号称“无兼并之害”的文景时期，晁错就尖锐地指明这种危及统治秩序的现象。他说：农家终年辛苦，无日休息，除了纳税服役之外，还会碰上水旱之灾，或者是急政暴虐，赋敛不时，朝令暮改，纳税季节，有粮谷的人家被迫半价出卖，没有粮谷的人家只有倍息借钱。于是有的人就不得不卖田宅、鬻子孙以偿债了。这种情况，到武帝以后更为普遍。《盐铁论》中贤良、文学（编者注：贤良、文学为汉代选拔官吏的科目之一）叙述农家入不敷出的情况说，田租虽是三十税一，但加上

◇四川成都出土的收获图画像砖

口赋更徭之役，大概一人之作，中分其功。有时农民尽其所得，不够应付租赋更徭，只好求之于高利贷。所以百姓虽勤力耕作，仍不能免于饥寒。

破产的农民，多数被迫依附于大地主作佃客。大地主大量招纳逃亡农民，官吏畏势，不敢督责，反而加重对穷苦百姓的压迫。百姓不堪其苦，转相仿效，纷纷流亡远去，他们的租赋徭役又被官吏转嫁给尚未流亡的中等农家。这样，就出现了未流亡者为已流亡者纳租服役的恶性循环。流亡问题越来越严重，而豪强地主所招纳的佃客和兼并的土地也越来越多。豪强宁成役使贫民至数千家。佃客一般以对分的比率，向地主交纳地租。边地居延，有向屯田卒收取地租的记载，计田六十五亩，收租二十六石，每亩合租四斗。汉代不见佃客免徭赋的法令，佃客还要受徭赋之苦。

◇汉代石磨

还有一些破产农民，迫于生计，为佣作糊口。秦末陈胜为人佣耕，起义以后，故人为佣耕者都来军中谒见。西汉佣工种类，见于文献的除佣耕、仆役以外，还有采黄金珠玉、治河、筑陵、为酒家佣保等等。武帝筦盐铁以前，豪强大家冶铁煮盐，一般都是招纳流亡农民为之，这些人有一部分是雇佣身份。笼盐铁后，盐铁生产除用官奴婢外，还用徭役劳动，由于道远作剧，农民无法自行服役，不得不出钱雇人代替。雇人所需，一说每人每月两千钱，一说每月三百钱，后说似近史实。官僚地主甚至凭借权力，雇工而不给佣值。

在汉代社会里，雇佣劳动在社会生产中不占重要地位。佣工还要受种种封建束缚，庸和奴的称谓有时是混同的，表明庸工身份低下。汉昭帝始元四年（前 83）诏书里，有岁俭乏食，“流庸未尽还”之语，可见在剥削压迫稍见缓和，或年景稍佳之时，流亡为佣的人是可以返回乡里的。

商人

西汉初年，商人的社会地位低下。西汉继承秦代重农抑商政策，限制商人。但是，经商是剥削者方便的致富之道，商人通过贱买贵卖，不劳自肥。当时俗语所说：“用贫求富，农不如工，工不如商，刺绣文不如倚市门。”所以商人都用各种手段逃避限制，扩大经营，抑商法令等于具文。文景以后，商人力量有蒸蒸日上的趋势。晁错看到这种情况，向文帝说：“令法律贱商人，商人已富贵矣！”

西汉前期，出现了许多大盐铁商、大贩运商、大子钱家。卓氏在临邛，即山铸铁，行销滇蜀，有奴僮千人。程郑在临邛，也以冶铁致富，同西南地区少数民族交易。孔氏在南阳大规模冶铁，占夺陂池，致富数千金，多和诸侯王交接。曹邴氏以铁冶起家，兼营高利贷和运输，与富有的吴王濞齐名。山东刁间驱使奴隶，逐鱼盐商贾之利。洛阳师史专事贩运，车辆成百，遍行诸郡国。宣曲任氏在楚汉之战时从事粮食囤积致巨富。子钱家无盐氏在七国之乱时以千金贷给从军东征的列侯封君，一岁获息十倍，富埒关中。许多贵族、官僚、大商人铸钱牟大利，邓通和吴王濞最有名，所铸的钱流通天下。上述卓氏、程郑、孔氏的先人，都是战国末年东方诸国的大工商主，秦始皇时成为所谓“山东迁虏”，但子孙仍然致力工商。秦汉时期多次迁徙六国贵族于关中，其中齐国的田氏族姓繁衍，世多货殖，汉代关中富商大贾，很大一部分出于田氏。

◇西汉陶薰炉

在西汉社会中，“以末致财”的大商人，虽然家资数千万乃至成万万，但仍须“用本守之”。这就是说，经商致富的人，需要掠夺土地，成为大地主，才能守住产业。所以大商人无不规陂池，求田宅，凭借财富役使贫民。另一方面，大地主、大官僚也多兼营商业，以图暴利。宣帝时杨恽籴贱贩贵，从事粮食买卖。贡禹奏请自尚书诸曹和侍中以上的皇帝近臣，都不许私自经营商业，可见那时大官僚经营商业的普遍。

大商人兼并土地，加速了农民的破产流亡。他们还因其富厚，交通王侯，助长分裂割据。因此封建国家和大商人的矛盾依然存在，终于导致汉武帝刘彻打击大商人的结果。

◇西汉大乐贵富蟠龙纹镜

至于人数众多的小商人，他们有的列肆贩卖，有的负货求售，有的兼为小手工业者自制自销，有的以车僦载收取运费。他们多数由农民或城市贫民转化而来，同样受剥削压迫，同大商人不同。小商人无法突破抑商法令的限制，而国家的徭役征发，也往往首先落到他们头上。秦汉的七科谪，即以七种人为对象的谪发远戍的制度，有四科是谪发商人或他们的子孙。

奴婢

奴婢有官奴婢和私奴婢，数量颇大。

官奴婢的来源，一为罪犯本人以及重罪犯的家属没官为奴者；一为原来的私奴婢，通过国家向富人募取或作为罪犯财产没官等途径，转化为官奴婢；一为以战俘为奴。官奴婢用于宫廷、官府服役，用于苑囿养狗马禽兽，也用于官府手工业、挽河漕、筑城等劳作。西、北边地诸苑养马的官奴婢有三万人。元帝时长安诸官奴婢游戏无事者，有十万人之多。

◇陕西西安东郊白鹿原出土的跪坐陶俑

私奴婢主要来自破产农民。他们有的是被迫自卖为奴；有的是被人掠卖为奴；有的是先卖为“赘子”，无力赎取而为奴。官奴婢由统治者赏赐给私人，即转化为私奴婢。边境少数民族人民，有为统治者掠为奴婢者，例如来自西南夷中的“僰僮”。大官僚、大地主、大商人的奴婢成百成千。陈平以奴婢赠陆贾，数达一百。市场出卖奴婢，通常是与牛马同栏。卖奴婢者在市场上给被卖奴婢饰以绣衣丝履，以图高价。奴婢价格，一万、两万不等。经营奴婢买卖的大商人，每出卖一百个奴婢，获利约二十万。汉代有不许任意杀奴以及杀奴必须报官的法令，也有因违令杀奴被罚的事例。但在通常情况下，主人对奴婢有“专杀之威”，奴婢生命实际上是没有保障的。

私奴婢除从事家内服役以外，也有许多被驱使从事农业、手工业生产或商业活动。季布为朱家奴，被用于田间劳动；张安世家僮七百，都有手工业技术；刁间的奴隶被驱迫运输商品。王褒所作《僮约》，列举了奴隶服劳役的项目，包括家内杂役、种田种园圃、放牧、作工、捕鱼、造船、修屋乃至经商等等。《僮约》虽然是一篇游戏文章，但所列奴僮为主人服役项目，当符合西汉社会实际状况。

◇汉代轺车、门吏、对饮画像砖

汉代奴隶在生产中还占有一定地位，是奴隶制时代的“遗产”。封建统治者无法消除它，无法制止破产的农民沦为奴婢。残酷的封建法律，也还以相当的规模和速度继续“制造”奴婢。统治者只能把它纳入封建制轨道，使之为地主阶级服务。因此，从奴隶制残余中获得利益的，正是那些大官僚、大地主、大商人，而不是一个独立于他们之外的奴隶主阶级。

汉武帝时期统一的巩固和专制主义中央集权制度的加强

汉武帝刘彻统治的五十余年（前 140～前 87），是西汉王朝的鼎盛时期，也是封建制度下中华民族的一个蓬勃发展时期。在经济繁荣、府库充溢的基础上，汉武帝在政治、经济、军事等方面采取了一些措施，改革了一些制度，力图加强专制主义中央集权，以适应统一国家的需要。

◇汉武帝刘彻（前 156～前 87），汉朝第六代皇帝。景帝子，初封胶东王，后立为太子，十六岁即皇帝位。在位五十四年，庙号世宗。

进一步削弱王国势力

汉武帝时期，诸侯王虽然不像以前那样强大难制，但是有的王国仍然连城数十，地方千里，威胁着西

◇汉代青铜穿带玺印

汉中央政权。元朔二年（前127），汉武帝采纳主父偃的建议，颁布“推恩令”：诸侯王除了由嫡长子继承王位以外，可以推“私恩”把王国土地的一部分分给子弟为列侯，由皇帝制定这些侯国的名号。按照汉制，侯国隶属于郡，地位与县相当。因此王国析为侯国，就是王国的缩小和朝廷直辖土地的扩大。推恩诏下后，王国纷请分邑子弟，于是诸侯王的支庶多得以受封为列侯，西汉王朝不用黜陟的办法而使王国的辖地缩小。武帝以后，每一王国辖地不过数县，其地位相当于郡。这样，诸侯王强大难制的问题，就进一步解决了。

诸侯王问题解决后，全国还有列侯百余。汉制每年八月，举行饮酎大典，诸侯王和列侯献“酎金”助祭。元鼎五年（前112），武帝以列侯酎金斤两成色不足为名，削夺一百零六个列侯的爵位。还有一些列侯因其他原因而陆续失爵。不过此后仍不断有功臣侯、恩泽侯之封，列侯的数量还是不少。

汉初贵族养士的风气很盛，强大的诸侯王都大量招致宾客游士，扈从左右，其中有文学之士，有儒生、方士，还有纵横论辩之士。诸侯王策划反汉时，宾客游士往往是他们的重要助手，所以武帝力加压制。淮南王安和衡山王赐被告谋反，武帝于元狩元年（前122）下令尽捕他们的宾客党羽，牵连致死的据说达数万人。接着，武帝颁布《左官律》和《附益法》，前者规定王国官为“左官”，以示歧视，后者限制士人与诸王交游。从此以后，诸侯王唯得衣食租税，不能参与政事，其中支脉疏远的人，就与一般富室无异了。

◇汉代错银兽首带钩

实行察举制度　建立太学

汉朝初年，二千石以上的大官僚任职三年以上，可以送子弟一人到京师为郎，叫做“任子”；拥有资产十万钱（景帝时改为四万钱）而又非商人的人，自备衣马之饰，也可以候选为郎，叫做“赀选”。郎是皇帝的侍从，有议郎、中郎、侍郎、郎中等，内守门户，出充车骑。郎在郎署娴习“汉家故事”，以备补授别的官职。西汉初年，地主阶级子弟为郎，是他们出仕朝廷的一个重要阶梯。在这种选官制度下，较高的官吏多数出于郎中、中

◇董仲舒（前179～前104），汉代唯心主义哲学家和政治家。景帝时任博士，讲授《公羊春秋》。汉武帝元光元年（前134），董仲舒在著名的举贤良对策中，提出他的哲学体系的基本要点，并建议“罢黜百家，独尊儒术”，为汉武帝所采纳。

郎等郎官和吏二千石子弟，选郎吏又以财富为准，未必都能得人，所以难以适应日益加强的专制王朝的需要。惠帝以来，汉朝在各郡县推选“孝悌力田”，复免这些人的徭役，让他们“导率”乡人。文帝诏“举贤良方正能直言极谏者”，这种诏举多从现任官吏中选拔。无论选孝悌力田或举贤良方正等，都还没有成为正式的制度。

武帝初年，董仲舒在举贤良对策中，提出了使列侯郡守二千石，各自选择其吏民之贤者，岁贡两人，以给宿卫的主张。这个主张包括岁贡和定员，对象有吏有民，在制度上比文帝时的诏举较为完备。元光元年（前134），武帝初令郡国举孝、廉各一人。从此以后，郡国岁举孝廉的察举制度就确立起来了。

察举制初行的头几年，郡国执行不力，有的郡不荐一人。武帝为了督促察举制度的实行，规定二千石如果不举孝，就是不奉行诏令，应当以不敬论罪；不举廉，就是不胜任，应当免官。

武帝以后，孝廉一科成为士大夫仕进的主要途径，被举的孝廉，多在郎署供职，由郎迁为尚书、侍中、侍御史，或外迁县令长丞尉，再迁为刺史、太守。

武帝又令公卿、郡国举茂才、贤良方正、文学等，从中拔擢了一些人才。不过这类察举属于特科性质，并不经常举行。此外，还有献策上书为郎，射策甲科为郎，陇西等六郡良家子为郎等选官途径。武帝时四方人士上书言得失者达千人，其中当有以此得官者。高寝郎田千秋上书言事称旨为大鸿胪，数月即超迁丞相。

◇汉“太仆之印”封泥

武帝在长安城外，为太常博士的弟子兴建学校，名为太学，使他们在太学中随博士受业。博士弟子共五十名，由太常选择民年十八以上仪状端正者充当，入学后免除本人徭赋。还有跟博士“受业如弟子”的若干人，由郡县择人充当。这些人学成经考试后，按等第录用。武帝还令天下郡国皆立学校官，初步建立了地方教育系统。太学和郡国学主要是培养封建官僚，但是在传播文化方面，也起了重要作用。

实行察举制度和建立太学后，大官僚和大豪富子嗣垄断官位的局面有所改变，一般地主子弟入仕的门径比过去宽广了，少数出自社会下层的人，也得到入仕的机会。在这种新的制度下，皇帝通过策问和考试，可以在较大的范围内按自己的意旨选择称职的官吏。这对于网罗人材，加强皇权统治，也具有重大的作用。

削弱丞相权力

西汉初年的官制，基本上沿秦之旧，没有大的改变。汉高祖以功臣封侯者为丞相，丞相位望甚隆，对皇帝敢于直言不讳，甚至敢于言所不当言。惠帝时曹参为丞相，无所事事，惠帝托参子曹窋婉转进言，曹参不改变自己的态度，反而要求惠帝也跟他一样，垂拱无为。文帝幸臣邓通对丞相申徒嘉礼意怠慢，申徒嘉严斥邓通，还对文帝说，陛下幸爱群臣，可以给他们富贵，至于朝廷之礼，不可以不肃。从这些事实中可以看出，由于丞相权重，皇帝与丞相之间，容易出现矛盾。

景帝时，高祖功臣死尽，陶青、刘舍等人以功臣之子受封为列侯，继为丞相，丞相位望有所削弱，但是皇帝与丞相在权力问题上仍然潜伏着矛盾。武帝时丞相田蚡骄横，他所荐举的人，有的一开始就被授与二千石的官位，侵犯皇帝的用人权力。武帝甚至问他“君除吏已尽未？吾亦欲除吏”。因此，削弱丞相权力是加强皇权的一个迫切问题。元朔五年（前 124），武帝任命公孙弘为相，然后才封平津侯。公孙弘起自“布衣”，在朝无所援接，只有唯唯诺诺，不敢稍违皇帝旨意。从此以后，功臣列侯子嗣独占相位的局面结束，丞相完全在皇帝的掌握之中，居职“充位”而已。他们动辄得咎，自杀或下狱死者甚多。公孙贺有鉴于此，拜相时不受印绶，顿首涕泣，不得已始起而视事。几年以后，公孙贺也被族灭。

◇汉“宗正丞印”封泥

武帝从贤良文学、上书言事的人以及现任官当中，先后拔用了文才出众的严助、朱买臣、吾丘寿王、主父偃、严安等人，在他们的本职以外，另给侍中、常侍、给事中等加官，让他们出入禁省，随侍左右，顾问应对，参与大政。武帝曾经令严助等内侍腹心之臣与朝廷公卿大夫辩论政事，彼此以义理之文相对答，公卿大夫屡屡诎服。尊贵臣僚如卫青、霍去病、霍光、金日磾，皆加侍中，其中卫青任大司马大将军，霍去病任大司马骠骑将军，权势超过丞相。武帝还参用宦官为中书，掌尚书（少府属官）之职，侍从禁省，出纳文书。这种人日在皇帝左右，逐渐形成一个宫内决策的机构，称为“中朝”或“内朝”，与以丞相为首的政务机关“外朝”相对应。皇帝依靠中朝，加强统治；中朝则恃皇帝之重，凌驾外朝。这样，专制制度就进一步加强了。

武帝临死前，用外戚霍光为大司马大将军。后来霍光又以大司马大将军领尚书事辅佐昭帝，权倾内外。昭帝死后，霍光拟废继立的昌邑王贺，百官自丞相以下皆唯唯从命，而领衔上奏的仍然是丞相杨敞。这说明丞相虽还有一定的位望，但实际职权已微不足道了。

加强中央军力

西汉时期，兵役制和徭役制结合在一起。制度规定：男子自傅籍之年（汉初十五岁，景帝时二十岁，武、昭后二十三岁）至五十六岁的期间内，服兵役两年，称为正卒。正卒一年在本郡为材官（步兵）、楼船（水军）或骑士；另一年在京师屯戍，称为卫士。他们还须在边郡屯戍一年，称为戍卒。除此以外，每年还要服徭役一月，称为更卒，亲自服役的称为践更，不愿服役的可纳钱三百雇人代理，叫做过更。由于雇人代役的越来越多，过更钱就逐渐演变为丁男的一种赋税，叫作更赋。汉代兵徭制度迄无定论，上述说法似近史实。

◇西汉彩绘步兵俑

在地方，军事由郡尉或王国中尉主管，他们统领本地的正卒，进行军事训练。每年秋季，郡太守举行正卒的检阅，叫做都试。皇帝发郡国兵时，用铜虎符为验，无符不得发兵，和秦代一样。

在京城，驻有南北二军。北军守京师，士卒多由三辅（京兆、冯翊、扶风）选调，由中尉率领；南军保卫皇宫，卫士多由三辅以外各郡国选调，由卫尉率领。南北军力都不甚大。南军卫士数目，西汉初年为两万人，武帝即位，减为万人。卫将军以皇帝诏令统领南北军，但视需要而定，不常置。

按照汉初的军事制度，军力分散于全国各地，都城无重兵。这样的军制，自然不能适应武帝时加强中央集权的需要。要改变这种情况，必须扩充中央兵力，并建立可以由中央随时调遣的“长从”军队，起强干弱枝作用。

元鼎六年（前111），武帝创建屯骑、步兵、越骑、长水、射声、虎贲、胡骑等七校尉，常驻京师及其附近。七校尉兵都统于由中尉属官中垒令演变而来的中垒校尉，所以又合称八校尉。八校尉属北军系统，每校兵力约为数百人至千余人，大概多以募士为之，是长从军队。

汉代宫廷里侍从皇帝的郎，由郎中令率领，是皇帝的仪卫，也是一支武装力量。建元三年（前138），武帝设期门军；太初元年（前104），设羽林军。期门约为千人，羽林七百人，选陇西、天水等六郡“良家子”充当，相当于郎。这些都是属于南军系统的长从军队。汉代名将多出于期门、羽林，可见期门、羽林在全国军事系统中地位的重要。武帝后来又取从军战死者的子孙养于羽林军中，加以军事训练，号称羽林孤儿，以加强宿卫力量。

八校尉和期门、羽林相继建立后，京师军力得到加强。宣帝神爵元年（前 61）发胡骑、越骑以及羽林孤儿出击羌人，可见这支军队已经用于边境的战争了。

此外，武帝军中有“勇敢士”，卫青、霍去病出征匈奴时有“私负从”者。这些当系招募而来。武帝以后，募兵在汉军中所占比例就越来越大了。

设置刺史

惠帝三年（前 192），相国曹参请派御史监三辅，部分地恢复了秦的御史监郡制度。文帝十三年（前 167），丞相遣史分刺各地，考察地方官，并督察监郡御史，时置时省。文帝还常常派特使巡行。

汉武帝时，中央统辖郡国数达百余，比汉初大为增加。为了加强统治，建立监察郡国的制度就成为必要。元封五年（前 106），武帝把全国地区除三辅（京兆、冯翊、扶风）、三河（河南、河内、河东）和弘农以外，分为十三个监察区域，叫十三州部（冀、青、兖、徐、扬、荆、豫、益、凉、幽、并、交趾、朔方），每州部设部刺史一人。刺史没有固定治所，每年八月巡视所部郡国，考察吏治，惩奖官员，断治冤狱，“以六条问事”。这六条详细规定了刺史监察的范围，其中一条是督察强宗豪右，五条是督察郡国守相。

◇西汉“九真府”陶提筒。筒内壁朱书隶体“九真府”三字。“九真”乃汉代郡名，可见此器物与九真郡有密切的联系。

刺史所举劾者，由丞相遣使案验。征和四年（前89），武帝置司隶校尉。司隶校尉率领官徒捕捉巫蛊（被指为以巫术害人特别是诅咒皇帝的人），监督大奸猾；后罢兵，督察三辅、三河和弘农郡，职权同部刺史相当。刺史和司隶校尉的设立，加强了中央对地方的控制，起了强干弱枝的显著作用。

刺史为六百石官（成帝改刺史为州牧，秩二千石），秩位不高，但出刺时代表中央，可以监察二千石和王国相，也可以监察诸王。刺史权责虽重，但不直接处理地方行政事务。所以刺史的设立得小大相制，内外相维之宜，比秦朝的御史监郡制度周密。

任酷吏　严刑法

随着封建制度的发展，地主阶级中出现了一些豪强，他们宗族强大，武断乡曲，既欺凌农民，也破坏封建法度。济南瞷氏，颍川灌氏，都是西汉前期著名的豪强大族。豪强大族同封建王朝之间，除了上下依恃的关系以外，显然还存在着一定的矛盾。

◇汉朝虎食羊铜饰牌

那个时期，还有一些人以游侠著名。游侠以义气侠行相标榜，振人于穷急，脱人于厄困，权行州域，力折公侯。朱家、剧孟、郭解都是汉初著名的游侠。但是有些游侠“作奸剽攻”、“睚眦杀人”；有些游侠形同盗贼。游侠在破坏封建法度方面同豪强类似，有些游侠本身就是豪强。

为了打击不法的豪强游侠，出现了酷吏。景帝时，郅都为济南守，族灭瞷氏首恶。宁成为中尉，为政效法郅都，宗室豪杰，人人恐惧。郅都、宁成是西汉最早的酷吏，他们的活动，是汉武帝打击豪强游侠的先声。

汉武帝除了迁徙强宗大姓，不许他们族居以外，还大批地任用酷吏，诛锄豪强。张汤为御史大夫，诛锄豪强并兼之家。周阳由为郡守，所居郡必夷其豪。像张汤、周阳由这样的内外官吏，当时比比皆是。除了对付豪强游侠以外，有的酷吏专伺人主意旨为狱，大肆网罗。杜周为廷尉，以诏令捕人至六七万之多。

但是酷吏同豪强、游侠并不是绝对对立的势力。酷吏宁成罢官回乡，役使贫民达数千家；酷吏义纵少年时无行，攻剽为群盗。这些人自身就是豪强或游侠。所以他们治郡的时候，也往往以当地的“豪杰”为爪牙，对人民为非作歹。酷吏王温舒杀河内豪强，竟至株连千余家，流血十余里。

张汤（？～前115）

西汉大臣。杜陵（今陕西西安东南）人。幼年随其父学习法律，汉武帝时任太中大夫、廷尉、御史大夫等职，曾参与制定过一些重大政策；善于迎合武帝所好，颇得武帝赏识；将武帝解决疑难案件的指示编成《谳法挈令》，作为官吏办案的法式，以“扬主之明”；积极推行“经义决狱”，提倡博士弟子学习《尚书》、《春秋》等儒家经典，调他们当廷尉的属官。

在诛锄豪强的同时，酷吏张汤、赵禹等人条定刑法。经过他们条定以后，律令增加到三百五十九章，大辟之罪四百零九条一千八百八十二事，死罪决事比（死罪判例）一万三千四百七十二事。刑法的条定，虽然与诛锄豪强、打击不法的需要有关，但是更主要的还是为了镇压百姓。由于刑法繁密驳杂，郡国治狱时无法运用，常有罪同而论异的事情。加以官吏舞文弄法，罗织成狱，上下其手，以此而冤死的人，不可胜数。《汉书·刑法志》说："穷民犯法，酷吏击断，奸宄不胜。"《汉书·酷吏传》说：由于郡国守相多效法王温舒的残暴杀人行为，所以"吏民益轻犯法，盗贼滋起"。可见用酷吏和刑法来加强专制皇权，势必要激化阶级矛盾。

条定繁密的刑法与独尊儒术，都是在汉武帝时期出现的，这说明汉武帝的统治具有外儒内法的性质。所以汉宣帝刘询说，汉家制度，是王道（儒）和霸道（法）杂而用之。

统一货币

◇小半两铜钱

汉武帝连续发动了许多次对边境各族的战争，长期而激烈的战争消耗了大量的财富，文景时期留下来的府库积蓄都用尽了。因此他募民入奴婢、入羊、入钱、入粟以拜官或赎罪，又设武功爵出卖，力图筹措军资。元狩中，他正式打破商人不得为吏的禁令，任用大盐商东郭咸阳、大冶铁家孔仅为大农丞领盐铁事，任用洛阳贾人子桑弘羊主持计算。这些人凭借强大的专制政权，统一货币，筦盐铁，建立均输、平准制度，企图抑制商人活动，稳定市场，扩大财政收入。

汉初以来，货币质量低劣，币面文曰半两（十二铢），实际重量只有八铢、四铢，有的甚至更轻，薄如榆荚，被称为荚钱。对于私铸，政府有时禁止，有时允许。市面货币轻重大小不一，郡县又各不同，法钱不立，折算困难。币制的混乱，破坏了国家财政制度，影响国库收入，也不利于经济的发展。文帝企图整顿币制，铸四铢半两钱，使民仿铸，诸王、达官、豪商大量铸钱，以牟巨利。私铸者不遵守官定质量要求，杂以铅铁，以此获罪者一县百数。武帝即位，恢复秦始皇时货币“重如其文”的制度，改铸三铢钱，实重与币面文字所示一致。同时禁止私铸，盗铸者罪至死。元狩五年（前118）以五铢钱代替三铢钱，重如其文，但是盗铸之风不减，据说吏民坐盗铸金钱罪死者达数十万人。

◇西汉五铢钱范

除了禁止私铸以外，元鼎四年（前113），武帝取消郡国铸钱的权力，专令水衡都尉所属的钟官、辨铜、均输（一说为钟官、辨铜、伎巧）三官，负责铸造新的五铢钱，名为三官钱。他还责成各郡国把以前所铸的钱一律销毁，所得铜料输给三官。这次禁令很严格，新币质量又高，盗铸无利可图，所以币制得到较长期的稳定，五铢钱乃成为由此至隋代七百余年中国家铸币的主要形式。汉武帝依靠强大的政治力量统一了货币，而货币的统一又使国家的经济力量得到加强，使专制主义中央集权制度获得一种经济上的保证。

◇西汉五铢陶范

筦盐铁和实行均输法、平准法

筦盐的办法，是在产盐区设立盐官，备置煮盐用的“牢盆”，募人煮盐，产品由官家收购发卖。筦铁的办法，是在产铁区设立铁官，采冶铸造，发卖铁器。西汉盐官遍及二十八郡国的三十五处，铁官遍及四十郡国的四十九处。盐铁官统属于中央的大农令（秦名治粟内史，后又更名大司农）。诸侯王国原来自置的盐铁官，也由大农令所设盐铁官代替。盐铁官吏，多用盐铁商人充任。

均输法是大农向各郡国派遣均输官，把应由各郡国依例输京而京师并不需要的物品，从出产处转运他处出卖，通过辗转交换，把京师所需的货物运达长安。均输法的推行，消除了郡国贡输往来烦杂，物品质量差，运费有时超过货物所值的不合理现象，并且使大农诸官得以掌握所需的各地货物，充实府库。

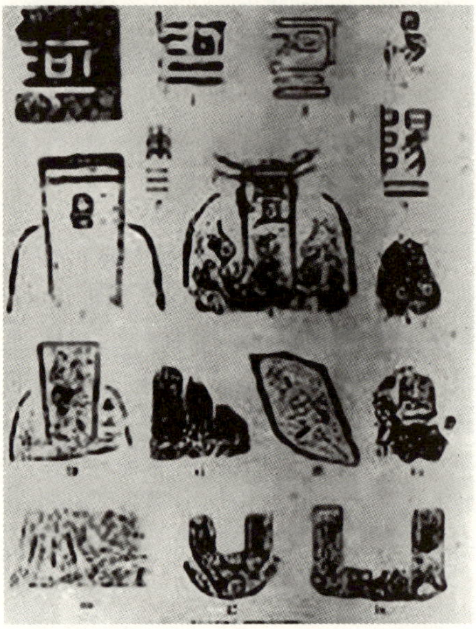

◇带有铁官产品标志的铁器及铸范铭文

平准法是由大农在京师设平准官，接受均输货物，按长安市场价格涨落情况，贵则卖之，贱则买之，用以调剂供需，节制市场。

筦盐铁和实行均输、平准，使大农控制了盐铁生产和许多货物买卖，使富商大贾难以牟大利，也使物价不致暴涨暴落。同时，使一部分手工业和商业利润归于国家，供给汉武帝巡狩、赏赐的挥霍和军事费用。这样，人民的赋税负担未增加，国家的用度却得以充裕。

西汉以来，豪强大家从煮盐、冶铁、铸钱中获取大利，一些企图进行政治割据的人，如景帝时的吴王濞，也在深山穷泽中和海边上，聚众千百人从事盐铁铸钱，积蓄经济力量和军事力量。所以桑弘羊在论证筦盐铁和实行平准、均输的必要性时说：山泽之财，均输之藏，是用来掌握经济命脉和控制诸侯王的。他又说：现在实行筦盐铁的办法，并不只是为了获得经济利益，更重要的是为了重农抑商，离散豪强聚集的力量，禁止过度的奢侈，断绝对农民的兼并。由此可见，筦盐铁和实行均输、平准，还起着控制诸侯王和豪强大贾的政治作用。

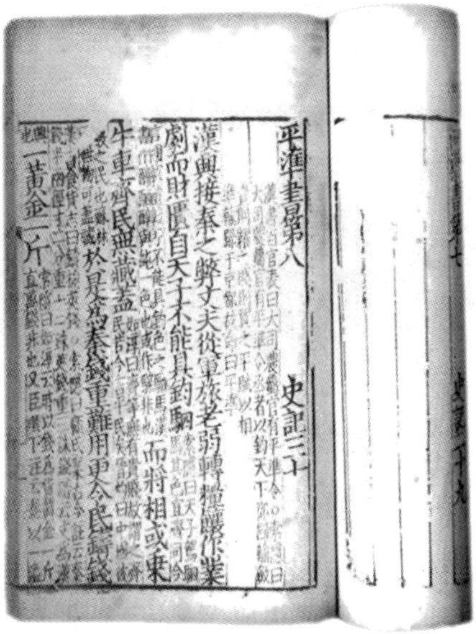
平準書第八
史記三十
漢興接秦之弊丈夫從軍旅老弱轉糧饟作業
劇而財匱自天子不能具鈞駟而將相或乘
牛車齊民無藏蓋於是爲秦錢重難用更令民鑄錢
一黃金一斤

◇《史记·平准书》

西汉王朝经营盐铁和商业，也不可避免地给人民带来了一些痛苦。例如官盐价昂味苦，农具质劣不适用等等。以后一部分贤良、文学反对筦盐铁和平准、均输制度，即以此作为一个重要理由。这些措施和制度，实际上难于长期有效地施行下去。

算缗和告缗

汉武帝还采取了直接打击大商贾的措施，这就是算缗和告缗。元狩四年（前119），武帝开始实行“算缗钱”，规定商人、兼营手工业的商人以及高利贷者，无论有无市籍，其高利贷资本和商业资本，都必须向政府申报，每两千钱纳税一算，即百二十钱；自产自销的手工业品，每四千钱一算。轺车，除了属于规定免算者以外，一乘一算；商人轺车加倍。船五丈以上一算。商人有产不报或报而不实，罚戍边一岁，没入资财。有市籍的商人及其家属，不许占有土地，违令者没收其土地和奴僮。元鼎三年（前114）武帝下令“告缗”，鼓励告发，并规定以所没收违令商人资财的一半奖给告发人。

◇湖南长沙马王堆出土的竹笥盛丝织品

武帝命杨可主持告缗，命杜周处理告缗案件。在这次告缗中，政府没收的财物以亿计，没收的奴婢也是成千上万；没收的田地，大县数百顷，小县百余顷。水衡、少府、太仆、大农等机构设置农官，分别经营没收的郡县土地。没收的奴婢则主要用于饲养狗马禽兽和在官府担任杂役。告缗沿续近十年，中家以上的商贾，有许多都以此破产。算缗告缗以后，上林苑财物贮积充溢，府库得到充实，商人们受到一次沉重的打击。所以算缗、告缗的措施，在政治上和经济上都起了加强专制主义中央集权制度的作用。

◇西汉四龙镜

周边各民族

西汉王朝同周边各族的关系

西汉时期，中国各民族之间，出现了比以前更为密切的政治、经济、文化交往，也发生过一些战争。汉朝（主要是在汉武帝时期）对各族的战争，有的属于防御性质，起了维护安全、保障生产的作用；有的则是对少数民族的侵犯，造成了破坏。但是总的看来，汉武帝以后各民族之间的联系加强了，许多民族地区正式归入中国的版图，汉族的经济和文化也以各种不同的方式影响着周围各民族，有些民族还走上了封建化的道路。西汉经济的繁荣和国家的统一，正是各族人民共同进步的结果。

越

◇广东广州华侨新村出土的越人用陶器三足盒

东瓯、闽越的君主，多次率部参加过中原的政治斗争。留居本地的东瓯、闽越人受中原文化影响不大，他们没有城郭邑里，居溪谷篁竹之间，与外界很少联系。汉初以来，他们的社会经济有了发展。武帝初年，淮南王刘安上书说，越人准备进攻郡县时，往往先离开深山，耕种于余干（今江西余干）界中以积军粮。刘安所说情况，正是东瓯、闽越人农业生产能力有所提高的表现。南越出产犀象玳瑁珠玑银铜果布，吸引了许多北方的商贾。除了吕后统治时期以外，中原和南越一直维持着正常的关市贸易，铁农具和耕畜通过关市，源源输入南越，促进了南越的农业生产。南越和西南地区也有政治、经济、文化联系。广西贵县出土的据认为是西汉初年西瓯高级武将的墓葬，随葬品颇丰富，但有人殉。

◇浙江永嘉东瓯古城古墓文物

武帝建元三年（前138），闽越发兵围东瓯，东瓯求援于汉。汉武帝派严助发会稽郡兵浮海救东瓯，援兵未达，闽越已退走。东瓯人为了避免闽越的威胁，请求内徙，汉朝把他们的一部分徙至江、淮之间，他们从此成为西汉的编户齐民。

建元六年，闽越又攻南越边地，南越向汉廷告急，武帝派兵分由会稽、豫章两路攻闽越。闽越王郢之弟余善杀郢，汉退兵。汉封原闽越王无诸之孙繇君丑为越繇王，以后又封余善为东越王，封越人贵族多人为侯。

◇越南北宁省仪卫出土的汉式三足铜尊

元鼎六年（前111），东越攻入豫章。元封元年（前110）冬，汉军数路攻入东越。越繇王和东越贵族杀余善，汉封越繇王和其他贵族为列侯，把越人徙处江、淮之间。江、淮之间的东瓯人和闽越人此后逐渐同汉人融合，留在原地的越人则分散在山岭中，与汉人来往较少，社会经济仍停留在比较落后的阶段。

汉朝和南越的关系，较为复杂。建元三年，严助率汉军解除了闽越对南越边邑的威胁；六年，严助又受命出使南越，南越王赵胡派太子赵婴齐一度宿卫长安。后来婴齐之子赵兴继婴齐为越王，按其生母太后邯郸人摎氏的意见，上书武帝，请求同内地诸侯王一样

◇广东广州南越王墓出土西汉前期玉兽首衔璧

三年一朝，并请汉朝撤除边境关塞。南越丞相吕嘉代表越人贵族势力，反对赵兴和摎太后，并杀赵兴、摎太后以及汉朝使者，立婴齐长子的越妻所生子建德为王。元鼎五年（前 112），路博德、杨仆等率汉军攻入南越，招纳越人，夺得番禺，俘吕嘉和赵建德，越人贵族很多人受汉封为列侯。南越的桂林监居翁，也谕告西瓯四十余万口，一起归汉。汉以南越、西瓯及其相邻之地立为儋耳、珠崖、南海、苍梧、郁林、合浦、交趾、九真、日南等九郡。

广州象岗山发现南越王墓，墓主着玉衣，有“文帝行玺”金印、“赵眜”玉印等印章同出。由此可推断墓主当是史籍所见赵胡，赵胡可能就是赵眜。随出物有铜铁器、漆木器等，青铜器有中原汉式、南方楚式，亦有南越式，有的可断为本地所造。还出有药石、平板玻璃。墓制及其所反映的官制基本上同于西汉诸侯王制度。从这些情况看来，南越在物质文明和精神文明方面都有相当的水平，与中原维持着频繁的经济往来和文化交流，很可能有海外贸易。但是墓内人殉多至十余，这又反映南越社会落后的一面。

匈奴

汉初以来，匈奴族的领袖冒顿单于以其三十余万精锐骑兵，东败东胡，北服丁零，西逐大月氏（即月氏）。匈奴的统治区域起自朝鲜边界，横跨蒙古高原，与氐、羌相接，向南则伸延到河套以至于今晋北、陕北一带。冒顿把这一广大地区分为中、左、右三部。中部由冒顿自辖，与汉的代郡（今河北蔚县境）、云中郡（今内蒙古托克托境）相对。左部居东方，与汉的上谷郡（今河北怀来境）相对；右部居西方，与汉的上郡（今陕西榆林境）相对，由左右屠耆王（左右贤王）分领。左右屠耆王之下有左右谷蠡王、左右大将、左右大都尉、左右大当户、左右骨都侯等，各领一定的战骑和分地。单于的氏族挛鞮氏，以及呼衍氏、兰氏、须卜氏、丘林氏，是匈奴中最显贵的几个氏族。

匈奴人以游牧为生，逐水草迁徙，但在某些地点也建有城堡，并有少量的农业生产。匈奴各部经济发展不平衡，有些部落已开始使用铁器，在一些西汉匈奴墓葬中，有铁马具、铁武器和铁工具出土。匈奴的法律规定，坐盗者没入其家。匈奴人作战时，得人以为奴婢。匈奴贵族死时，近幸臣妾从死者多至数十百人。这种种情况，说明匈奴社会已处于奴隶制阶段。

◇匈奴金冠

白登之围以后，西汉与匈奴结和亲，通关市，厚馈赠，但仍无法遏止匈奴铁骑的侵犯和虏掠。元光二年（前 133），汉武帝刘彻命马邑人聂翁壹出塞，引诱匈奴进占马邑，而以汉军三十余万埋伏近旁，企图一举歼灭匈奴主力。单于引骑十万入塞，发觉汉的诱兵计划，中途退归。从此以后，匈奴屡次大规模进攻边郡，汉军也屡次发动反击和进攻。在这长期的战争中，影响较大的有汉攻匈奴的三次战役。

◇卫青像

卫青（？～前 106）

西汉名将。字仲卿。河东平阳（今山西临汾西南）人。年少时为平阳侯曹寿家奴，善骑射，有勇力。因姐姐卫子夫受汉武帝宠爱，被召入朝，卫青也被召到建章宫当差。汉与匈奴之间大规模战争爆发后，受任车骑将军，击败匈奴兵受封长平侯。后领兵多次大胜匈奴，战功卓著，累迁至大司马大将军。卫青治军号令严明，指挥灵活果断，作战常奋勇当先，为官守法尽职，兼有皇戚关系，但不以权势树党，不干预朝政，深受武帝重用。

元朔二年（前127），匈奴入侵，汉遣卫青领兵从云中出击，北抵高阙（阴山缺口，在今内蒙古杭锦后旗东北），迂回至于陇西，夺回河套一带，解除了匈奴对长安的直接威胁。汉在那里设置朔方郡（治今内蒙古杭锦旗北），并重新修缮秦时所筑边塞。同年夏，汉王朝募民十万口徙于朔方。

◇陕西兴平霍去病墓前的石雕伏虎

霍去病（前140～前117）

西汉青年名将。河东平阳（今山西临汾西南）人。卫青的外甥。善骑射。元朔六年（前123），十八岁的霍去病被汉武帝任为票姚校尉，随卫青击匈奴于漠南（今蒙古高原大沙漠以南）。他率八百骑远离主力数百里，歼二千余人，受封冠军侯。元狩二年（前121）任骠骑将军。由于战功卓著，后升任大司马，与卫青同掌兵权。他用兵灵活，注重方略，不拘古法，勇猛果敢，每战皆胜，深得武帝信任。可惜英年早逝。

汉得朔方后，匈奴连年入侵上谷、代郡、雁门、定襄、云中、上郡，汉军在卫青指挥下数度出击。元狩二年（前121），武帝命霍去病将兵远征。霍去病自陇西出兵，过焉支山（今甘肃山丹东南）千余里，缴获匈奴休屠王的祭天金人。同年夏，霍去病由北地出击，逾居延海，南下祁连山，围歼匈奴。这次战役，沉重地打击了匈奴右部，匈奴浑邪王杀休屠王，率部四万余人归汉。汉分徙其众于西北边塞之外，因其故俗为五属国。后又迁徙关东贫民七十二万余口，以其绝大部分充实陇西、北地、上郡、西河之地。西汉王朝又在浑邪王、休屠王故地陆续设立酒泉、武威、张掖、敦煌四郡。汉得河

◇陕西兴平霍去病墓前的马踏匈奴石雕

西四郡地，不但隔绝了匈奴与羌人的联系，而且沟通了内地与西域的直接交通，这对西汉和匈奴势力的消长，发生了显著作用。匈奴失水草肥美的河西地，经济受到很大损失。所以匈奴人歌曰："失我祁连山，使我六畜不蕃息；失我焉支山，使我嫁妇无颜色。"

由于汉军的多次打击，匈奴单于庭向北迁徙。元狩四年卫青、霍去病带领十万骑，"私负从"军者十四万骑，步兵及转运者数十万人，两路穷追匈奴。西路卫青军从定襄郡出发，在漠北击败单于，单于率残部向西北溃走，汉兵北至寘颜山赵信城（约在今蒙古杭爱山以南）而还。东路霍去病军从代郡出发，出塞两千余里，与匈奴左部左屠耆王接战获胜，至狼居胥山，临瀚海而还。这次战役以后，匈奴主力向西北远徙，漠南不再有单于的王庭。汉军占领了朔方以西至张掖、居延间的大片土地，保障了河西走廊的安全。汉在上郡、朔方、西河以及河西诸地设立田官，用六十万人屯田戍守，逐渐开发这一地域。

经过这几次重大战役以后，匈奴力量大为削弱，除了对西域诸国还有一定的控制作用以外，不能向东发展。百余年来，北方农业区域所受匈奴的威胁，到此基本解除。汉军在这几次战役中，损失也很大。元封、太初以后至武帝之末，汉同匈奴虽然还发生过不少战事，但是这些战事的规模和影响都不如过去了。

屯田

中国历代封建政府组织劳动者在官地上进行开垦耕作的农业生产组织形式。因参加垦种者不同而有军屯与民屯之分，以军屯为主。屯田有时又被称为营田，原意是屯田以兵，营田以民。实际上，历代不少营田也常使用士兵，即使是民屯，通常也多采用军事编制，所生产的粮食主要也是用以供军需。屯田剥削形式大体有三种：劳役地租、分成制实物地租、定额实物租。屯田保证了边防军的粮饷需要，对于边疆可耕地的开拓和边防的巩固有积极作用。

西汉王朝战胜匈奴以后，北方边地出现了新的局面。边郡和内地之间，邮亭驿置相望于道，联系大为增强。大量的移民和戍卒，在荒凉的原野上开辟耕地，种植谷、麦、糜、秫等作物。中原的生产工具、耕作技术、水利技术，通过屯田的兵民，在边郡传播开来。从令居（今甘肃永登境）西北至酒泉，再向西至于玉门关，修起了屏蔽河西走廊的长城，敦煌以西至盐泽（今新疆罗布泊。

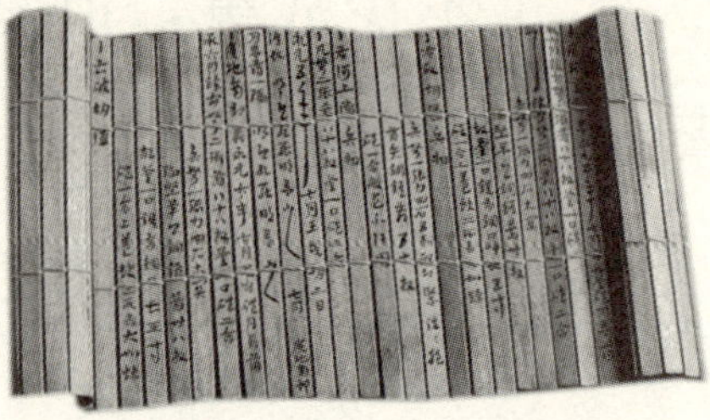

◇汉代木简册

一作盐水，今孔雀河)，也修建了亭燧。北方旧有的长城进行了大规模的修缮，在今包头、呼和浩特附近的长城沿线，还设置了许多建有内城、外城的城堡。自敦煌至辽东，乘塞列燧，吏卒众多。边塞的烽燧系统逐步完善起来。屯田区、城堡和烽燧，是西汉在北方边境的政治、军事据点，也是先进经济、先进文化的传播站，它们对于匈奴以及其他相邻各游牧民族社会的发展，有很大的影响。

武帝太初三年（前 102)，路博德为强弩都尉，出屯

◇甘肃玉门关遗址

张掖居延，于其地修障塞，开屯田。居延屯兵戍守，持续至东汉时，烽燧遗址至今仍在。近数十年来，居延附近多次发现驻军遗存的简牍，累积达三万余枚，被称为居延汉简。今甘肃、新疆的许多地方都有汉简以及晋简出土。其他省区，也发现大量汉简。这些都是汉代历史包括汉代边疆历史的珍贵资料。

匈奴人向西远徙以后，部落贵族发生分裂，出现五单于争立的局面。宣帝甘露元年（前 53），呼韩邪单于归汉，引众南徙于阴山附近。竟宁元年（前 33），汉元帝以宫人王嫱（昭君）嫁给呼韩邪单于，恢复了和亲，结束了百余年来汉同匈奴之间的战争局面。今包头等地有“单于和亲”等文字的瓦当出土，正是这一时期汉与匈奴关系和洽的实证。

西域诸国　张骞通西域

◇内蒙古包头召湾出土的“单于和亲”瓦当

西汉以来，玉门关和阳关以西即今新疆乃至更远的地方，被称作西域。今新疆境内的西域以天山为界，分为南北二部，南部为塔里木盆地，北部为准噶尔盆地。西汉初年，西域共有三十六国，绝大多数分布在天山以南塔里木盆地南北边缘的绿洲上。在塔里木盆地的南缘，有且末、扜弥、于阗、莎车等国（南道诸国）；在盆地的北缘，有尉犁、焉耆、龟兹、姑墨、疏勒等国（北道诸国）。盆地东端有楼兰国，其遗址已于今罗布泊西北发现。这些国家多以城郭为中心，兼营农牧，有的还能自铸兵器，只有少数国家逐水草而居，粮食仰赖邻国供给。西域诸国语言不一，互不统属，由于自然条件的限制和其他原因，每国的人口一般只有几千人到两三万人；人口最多的龟兹，才八万人，最少的仅有几百人。在盆地西南，还有蒲犁、依耐等小国，有的城居，有的游牧，发展水平不一。

天山以北的准噶尔盆地，是一个游牧区域。盆地以南的天山缺口，由车师（姑师）控制着。西部的伊犁河流域，本是塞种人居住的地方。汉文帝时，原来游牧于敦煌、祁连一带的月氏人被匈奴人逼迫，向西迁徙到这里，赶走了塞种人。后来，乌孙人摆脱匈奴控制，又向西迁徙，把月氏人赶走，占领了这块土地。乌孙人有十二万户，六十三万口，不田作，随畜逐水草，与匈奴同俗。

西汉初年，匈奴的势力伸展到西域，征服了这些国家，置“僮仆都尉”于北道的焉耆、危须、尉犁之间，榨取西域的财富。匈奴在西域的统治非常暴虐，西域东北的蒲类，本来是一个大国，其王得罪匈奴单于，单于徙其民六千余口，置于匈奴右部阿恶地，因号曰“阿恶国”，贫羸的蒲类人逃亡山谷间，才保存了蒲类的国号。

自玉门关出西域，有两条主要的路径。一条经塔里木盆地东端的楼兰，折向西南，沿昆仑山北麓西行至莎车，称为南道。南道西出葱岭至中亚的大月氏、安息。另一条经车师前王庭，沿天山南麓西行至疏勒，称为北道。北道西出葱岭，至中亚的大宛、康居、奄蔡。

与今新疆相邻的中亚诸国，当时也被称为西域。其中大宛在葱岭西北，口三十万，产稻、麦、葡萄和良马。大宛西南，是大月氏。大月氏由敦煌、祁连迁于伊犁河流域，又由伊犁河流域迁于妫水（今阿姆河）北，营游牧生活。原住妫水以南的大夏人，被大月氏所臣服。大月氏以西的安息是一个强大的国家，商贾车船周行旁国。在安息的北面，大宛以西，今咸海以东的草原，则由游牧的康居人控制着。

汉武帝听说西迁的大月氏有报复匈奴之意，所以募使使大月氏，想联络他们夹攻匈奴。汉中人张骞以郎应募，建元二年（前139）率众一百余人，出陇西向西域进发。张骞在西行途中，被匈奴俘获，他保留汉节，居匈

◇新疆喀什塔什库尔干石头城是古代丝绸之路中道和南道的交汇点，汉代时，这里是西域三十六国之一的蒲犁国的王城。

奴十年左右，终于率众逃脱，西行数十日到达大宛。那时大月氏已自伊犁河流域西迁到妫水流域，张骞乃经康居到达大月氏。大月氏自以为新居之处肥饶安全，又与汉距离遥远，所以不愿意再东还故地，张骞不得要领，居岁余而还。他在归途经过羌中，又被匈奴俘获，扣留了一年多。元朔三年（前 126），张骞回到长安，元朔六年受封为博望侯。张骞出使西域，前后达十余年，历尽各种艰险。他的西行，传播了汉朝的声威，获得了大量前所未闻的西域资料，所以司马迁把此行称为“凿空”。

张骞（？～前 114）

◇张骞墓

西汉通西域使者。公元前 139 年，张骞毛遂自荐率领一百多人出使大月氏国，商量联合夹击匈奴。西行不久，部队就被匈奴人擒获，软禁十多年。虽然和匈奴女子结婚生子，但是仍然没有忘记自己的使命。前 129 年，找到逃走的机会，逃离匈奴，最终到达大月氏。但是大月氏已经不想和匈奴争战了，张骞无法说服大月氏，只能回国。历经十三年，虽然未能如愿，但是开辟了通往西域的道路，促进了中、西经济和文化交流，扩大了中国人的地理视野。他是中国历史上第一位通西域的使者，曾被封为博望侯。

◇新疆民丰出土的蜡染棉布

张骞东归后，元狩元年（前 122），武帝遣使探求通过身毒国（今印度）开辟一条不经匈奴而到大夏的交通线，但是没有成功。第二年，汉军击破匈奴，取得了河西地带。从此，自盐泽以东，空无匈奴，汉与西域之间的道路终于打通了。

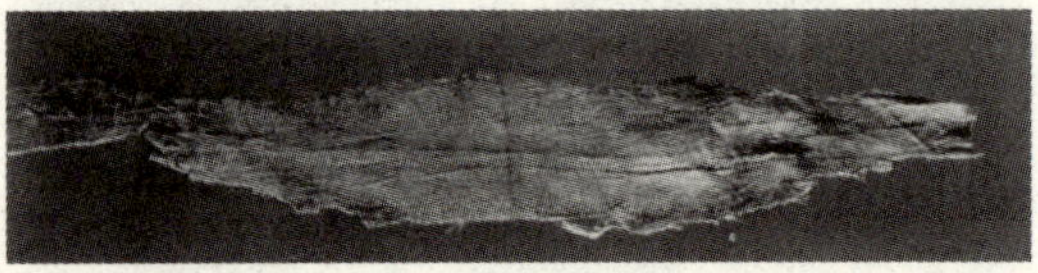

◇新疆民丰出土的绯色绢

元狩四年，张骞再度出使西域，目的是招引乌孙回河西故地，并与西域各国联系。张骞此行率将士三百人，每人备马两匹，并带牛羊以万数，金币丝帛巨万。张骞到乌孙，未达目的，于元鼎二年（前115）偕同乌孙使者数十人返抵长安。随后，被张骞派到大宛、康居、大夏等国的副使，也同这些国家报聘汉朝的使者一起，陆续来到长安。从此以后，汉同西域的交通频繁起来，汉王朝派到西域去的使臣，每年多的十几批，少的五六批；每批大的几百人，小的百余人。使者中有许多人以所携官物为私产，到西域牟利，所以使者队伍实际上也就是商队。

那时候，西域诸国仍未完全脱离匈奴的控制，西域东端的楼兰和车师，受匈奴控制严密。汉使往还时，沿途需索饮水食物，使楼兰、车师等国应接不暇。所以楼兰、车师人在匈奴的策动下，常常劫掠汉使，遮断道路。为了确保西域通道，元封三年（前108），王恢率轻骑击

◇甘肃敦煌莫高窟第 323 窟唐代壁画《张骞出使西域》(局部)

破楼兰，赵破奴率军数万击破车师。元封六年，西汉以宗室女细君与乌孙王和亲，企图东西联合，迫胁匈奴。细君死，汉又以宗室女解忧和亲。和亲巩固了汉与乌孙的联系，使乌孙成为钳制匈奴的重要力量。

为了打破匈奴对大宛的控制并获得大宛的汗血马，武帝于太初元年（前 104）派贰师将军李广利领军数万击大宛，无功而还。太初三年，李广利第二次西征，攻破了大宛国都外城，迫使大宛与汉军言和，汉军获得良马几十匹，中马以下牝牡三千多匹，汉在西域的声威大振。昭帝时汉政府在轮台、渠犁等地各驻兵数百，进行屯垦，置使者校尉领护，以保护往来的使臣和商旅。这是西汉王朝在西域设置军政机构的开始。

◇汗血宝马

车师是匈奴进入天山南麓诸国的主要门户。汉在车师一带仍屡次与匈奴发生战争。宣帝时匈奴分裂，西部的日逐王于神爵二年（前60）归汉，匈奴设在西域的僮仆都尉从此撤销，匈奴日益衰弱。汉乃在西域设立都护，首任都护为郑吉。都护治乌垒城（今新疆轮台以东），并护南道和北道各国，督察乌孙、康居诸国动静。西域诸国与汉朝的臣属关系，至此完全确定。元帝初元元年（前48）汉在车师地区（今新疆吐鲁番东南）设立戊己校尉，管理屯田和防务。

元帝建昭三年（前36），西域都护甘延寿和副校尉陈汤发西域各国兵远征康居，击杀了挟持西域各国并与归汉的呼韩邪单于为敌的郅支单于，匈奴的势力在西域消失，汉和西域的通道大为安全了。

西域道畅通以后，天山南北地区第一次与内地联为一体，在中国历史上具有非常深远的意义。除此以外，中原同西域乃至更远地区之间，经济、文化联系日益密切。西域的葡萄、石榴、苜蓿、胡豆、胡麻、胡瓜、胡蒜、胡桃等植物，陆续向东土移植；西域的良马、橐驼、各种奇禽异兽以及名贵的毛织品，也都源源东来。中原地区则向西域输送大量的丝织品和金属工具，并把铸铁技术，可能还有凿井技术传到西域。这种频繁的经济、文化交流，促进了西域社会的进步，也丰富了中原汉人的物质生活和精神生活。

◇葡萄原产于欧洲、西亚和北非一带。中国栽培葡萄已有两千多年历史，相传汉代由张骞引入。

羌

羌族是中国古老的民族之一，分布在西海（今青海）附近，南抵蜀汉以西，西北接西域诸国。羌人有火葬习俗，人死，焚尸而扬其灰。羌人人口增殖，分为很多部落，但是不立君长，没有统属关系。部落中的强者可以分种为酋豪，弱者则为人附落。战国初年，羌人无弋爰剑被秦人拘执为奴，后来逃回本族，被推为豪，爰剑和他的子孙，从此就成为羌人世袭的酋长。羌人营田畜牧，日益兴盛。

西汉初年，羌人臣服于匈奴。汉武帝击走匈奴后，从令居（在今甘肃永登境）向西筑令居塞，并在河西陆续列置四郡，以隔绝羌人与匈奴的交通。羌人曾与匈奴连兵十余万攻令居塞，围枹罕（今甘肃临夏）。汉遣李息等率兵十万征服了羌人，并设护羌校尉统领。宣帝时，羌人与汉争夺湟水流域的牧地，汉将义渠安国斩羌豪，镇压羌人，羌人遂围攻金城郡（今甘肃永靖西北）。宣帝令赵充国等率兵六万，屯田湟中，相机进攻，取得了胜利，置金城属国以接纳归附的羌人。今青海西宁以北孙家塞汉墓中，发现木简约四百枚，记载了西汉军功爵级、军队编制、操练法规、作战阵法等重要内容，还有《孙子兵法》的片断佚文。据实地考查，墓主马良，当是赵充国属下将校。昭宣以后，部分羌人逐渐内徙，在金城、陇西一带与汉人杂居。王莽时在羌人地区设西海郡，徙汉人入居其中。

西南各族

西南地区，分布着许多语言、习俗不同的民族，汉朝时统称为西南夷。大体说来，贵州附近有夜郎、且兰，云南滇池区域有滇，洱海区域有巂、昆明，四川西昌有邛都，雅安附近有徙、筰都，成都以北有冉駹。甘肃南部的白马氐，当时也列在西南夷中。夜郎、滇、邛都等族人民结发为椎髻，从事农耕，有邑聚，有君长。巂、昆明等族人民编发为辫，过着游牧生活，没有君长。氐和冉駹有火葬习俗。

◇滇族吊人铜矛

战国时期，楚将庄蹻领兵溯沅水西上（一说自巴蜀南下）略地。庄蹻经夜郎至滇，适值黔中地为秦国所夺，庄蹻归路被截断，乃留滇为王，全军变服从滇俗。以后秦朝的势力达到西南夷中，在今宜宾至昭通一带开通“五尺道”，并在附近各地设官统治。

西汉初年，西南各族地区与巴蜀等地维持着交换关系。汉人商贾从西南夷中运出筰马、髦牛和僰僮（奴隶）。巴蜀的铁器和其他商品也运入西南夷

◇铜贮

中，有的还经由夜郎浮牂柯江转贩到南越。建元末年，番阳令唐蒙在南越发现了蜀地出产的枸酱，探知从蜀经西南夷地区有路可以通达南越，因此他向武帝提出发夜郎兵浮江抄袭南越的建议。武帝派唐蒙领千人，携带缯帛食物，到夜郎进行活动。稍后，汉在巴蜀之南置犍为郡（今四川宜宾），并发巴蜀卒修筑自僰道（在今四川宜宾）通向牂柯江的山路。武帝又命司马相如深入邛、筰、冉駹，在那里设置都尉和十余县，但不久就罢省了。

◇云南晋宁石寨山出土的二豹噬猪铜饰

张骞在中亚的大夏时，曾发现邛竹杖和蜀布，据说来自身毒（印度），因而得知巴蜀与身毒可以交通。武帝根据这一情况，于元狩元年（前 122）派使者自巴蜀四出，企图找到通身毒的道路，以便从那里通向西域。经过这些活动，汉和滇的道路打通了，汉对夜郎及其附近各族的控制加强了。但由于嶲、昆明等族的阻拦，寻求从巴蜀通身毒道路的目的始终没有达到。

◇贵州桐梓夜郎城故址

元鼎五年（前112），汉发夜郎附近诸部兵攻南越，且兰君以此反汉，杀汉使者及犍为太守。第二年，汉兵从巴蜀南下，攻下且兰，设置牂柯郡（今贵州黄平西）。汉又以邛都为越巂郡（今四川西昌东南），筰都为沈黎郡（今四川汉源北），冉駹为汶山郡（治今四川茂县北），白马为武都郡（今甘肃成县西）。元封二年（前109），武帝发兵临滇，降滇王，赐印，以其地为益州郡（今云南晋宁）。

云南晋宁石寨山陆续发掘出的几十座滇人贵族墓葬中，除出土滇王金印以外，有战国至东汉初的大量古滇国遗物出土。战国末至西汉初的滇国青铜制品，具有浓厚的民族特色。器物年代越晚，受中原影响也越深。出土的大量滇国青铜农具，说明农业在滇人经济生活中占有重要的地位。同时，滇国器物上的图像，表明滇人牧养牛、马、猪、羊、犬，猎取鹿、虎、野猪，畜牧和狩

◇湖南新晃与贵州接壤处的夜郎谷

猎经济都相当发达。青铜铸造是滇人最主要的手工业，铜器相当精美。铁器数量不多，有些铁器实际上是铜铁合体。《后汉书·西南夷传》说，滇人之地有盐池田渔之饶，金银畜产之富，这与滇国遗物所表现的滇人社会的经济情况大致相符。

滇人社会处在奴隶制阶段，滇国铜器上也有许多反映奴隶和俘虏生活的铸像，如奴隶在主人监督下织布，以奴隶作牺牲，捕捉俘虏，俘虏被裸体悬挂等等。奴隶多编发或披发，同滇人奴隶主的椎髻不同，他们可能是从巂、昆明或其他外族俘虏来的奴隶。滇人墓中殉葬物丰富精美，可以印证《后汉书·西南夷传》的记载：滇人奴隶主性豪帻，居官者皆富及累世。

乌桓　鲜卑

乌桓是东胡的一支，汉初以来，活动在西拉木伦河以北的乌桓山一带。乌桓人俗善骑射，弋猎禽兽为事，随水草放牧，居无常处。他们也经营农业，种植耐寒耐旱的穄和东墙。乌桓男子能作弓矢鞍勒，锻金铁为兵器，妇女能刺绣，善于编织毛织品。乌桓部落分散，邑落各有小帅，但还未出现世袭的酋长。他们推举有勇健能理决斗讼者为“大人”。血族复仇的风习，在乌桓社会中还很盛行。乌桓部落中自大人以下各自畜牧营产，不相徭役，还未出现明显的阶级分化。

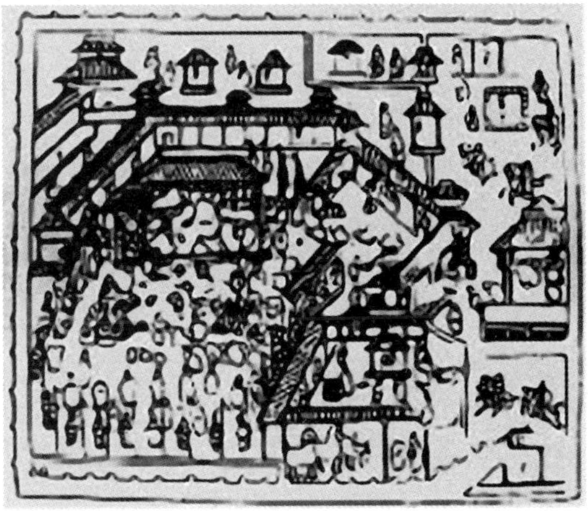

◇内蒙古和林格尔出土的东汉壁画《护乌桓校尉幕府线图》

西汉初年，乌桓为匈奴冒顿单于所破，力量孤弱，臣服于匈奴，每年向匈奴输牛马羊和毛皮，过时不纳，要受到匈奴统治者的惩罚。武帝时霍去病率军击破匈奴左地后，把一部分乌桓人徙于上谷、渔阳、右北平、辽西、辽东五郡（今河北北部及辽宁南部），设护乌桓校尉监督他们，让他们替汉军侦察匈奴动静。昭帝以后乌桓渐强，常常骚扰汉幽州边郡，也常常攻击匈奴。

鲜卑也是东胡的一支，言语习俗与乌桓大致相同，但比乌桓落后。鲜卑自从被冒顿单于击破后，远徙辽东塞外，南与乌桓相邻，没有同西汉发生直接联系。

阶级矛盾的发展与王莽改制

汉武帝末年的农民暴动

西汉的社会经济发展过程，同时是愈来愈严重的土地兼并过程，也是农民重新走上流亡道路的过程。还在所谓文景之治的升平时期，就隐伏着深刻的阶级矛盾。贾谊为此警告文帝说："饥寒切于民之肌肤，欲其无为奸邪，不可得也。国已屈矣，盗贼直须时耳！"贾谊笔下的"盗贼"，指的就是行将出现的农民暴动。

汉武帝统治时期，一方面社会经济发展到颇高的水平，非遇水旱，则农民大致可以勉强自给；另一方面，豪强之徒兼并土地，武断乡曲的现象，比以前更为严重。官僚地主无不追逐田宅、产业和牛羊、奴婢，交相压榨农民。武帝外事四夷，内兴功利，在完成了辉煌事业的同时，也耗尽了文、

◇山东嘉祥武氏祠西汉画像石

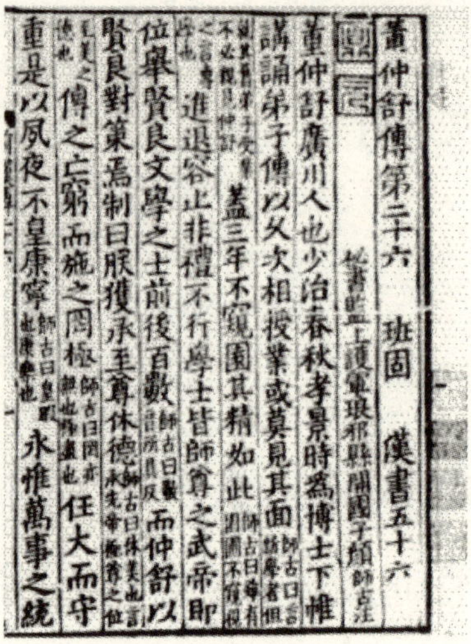

董仲舒傳第二十六　班固　漢書五十六
祕書監上護軍琅邪縣開國子顔師古注
董仲舒廣川人也少治春秋孝景時為博士下帷
講誦弟子傳以久次相授業或莫見其面
蓋三年不窺園其精如此
進退容止非禮不行學士皆師尊之武帝即
位舉賢良文學之士前後百數　而仲舒以
賢良對策焉制曰朕獲承至尊休德
傳之亡窮而施之罔極　任大而守
重是以夙夜不皇康寧　永惟萬事之統

◇《汉书·董仲舒传》所载汉武帝时董仲舒以贤良对策的史事

景以来府库的积蓄，加重了农民的困苦。贫困破产的农民，多沦为豪强地主的佃客、佣工，受地主的残酷剥削。农民卖妻鬻子，屡见不鲜。针对这种情形，董仲舒曾建议“限民名田”，“去奴婢，除专杀之威”，和“薄赋敛，省徭役”。他认为，如果富者足以表现尊贵而不至于骄奢，贫者足以维持生活而不至于忧苦，那么，财富不匮，上下相安，维持统治就容易了。显然，董仲舒的思想和建议，着眼于地主阶级的长远利益而不符合其眼前利益，所以无法实行。从此以后，农民的困苦更是有加无已。

武帝前期，东郡（治今河南濮阳）一带有农民暴动发生。以后流民愈来愈多。元封四年（前 107），关东流民达到二百万口，无户籍者四十万口，天汉二年（前 99）以后，南阳、楚、齐、燕、赵之间，农民起义不时发生，南阳有梅免、百政，楚有段中、杜少，齐有徐勃，燕赵之间有坚卢、范主之属，大群至数千人。在关中，也有所谓“暴徒”阻险。起义农民建立名号，攻打城邑，夺取武库兵器，释放死罪囚徒，诛杀郡守、都尉。至于数百为群的农民，在乡里抢夺地主的粮食财物，更是不可胜数。汉武帝派“直指绣衣使者”分区镇压，大肆屠杀，但是农民军散而复聚，据险反抗，不屈不挠。汉武帝又作《沉命法》，并规定太守以下官吏如果不能及时发觉并镇压暴动，罪至于死。

在农民反抗斗争逐渐兴起的时候，汉武帝刘彻认识到要稳定统治，光靠镇压是不行的，还要在施政上有所转变，使农民得以喘息。他寄希望于“仁恕温谨”的“守文之主”卫太子（即以后所称的戾太子）。他曾对卫太子之舅、大将军卫青说：“汉家庶事草创，加四夷侵凌中国，朕不变更制度，后世无法，不出师征伐，天下不安。为此者不得不劳民。若后世又如朕所为，是袭亡秦之迹也。太子敦重好静，必能安天下，不使朕忧。”但是此时汉武帝还没有实现这一转变的决心。在他迟疑不决的时候，征和二年（前 91）直指绣衣使者江充以穷治宫中巫蛊的名义逼迫卫太子，激起卫太子在长安的兵变。结果，江充被杀，卫太子也兵败自经而死。经过这一段曲折过程以后，武帝追悔往事，决心“与民休息”。他在征和四年断然罢逐为他求仙药而伤民糜费的方士，拒绝在轮台（今新疆轮台）屯田远戍，停止向西修筑亭障，并且下诏自责，申明此后务在禁苛暴，止擅赋，力本农，修马复令（养马者得免徭役）以补缺，只求不乏武备而已。同时，他还命赵过推行代田法，改进农具，以示鼓励农业生产。这样，农民暴动暂时平息了。

◇代田法示意图

代田法

汉武帝刘彻末年，赵过推行的一种适应北方旱作地区的耕作方法。由于在同一地块上作物种植的田垄隔年代换，所以称代田法。赵过把关中农民创造的代田法加以总结推广，即把耕地分治成甽（同畎，田间小沟）和垄，甽垄相间，甽宽一尺（汉一尺约当今 0.694 尺），深一尺，垄宽也是一尺。一亩定制宽六尺，适可容纳三甽三垄。在每次中耕锄草时，将垄上的土同草一起锄入甽中，培壅苗根，到了暑天，垄上的土削平，甽垄相齐，这就使作物的根能扎得深，既可耐旱，也可抗风，防止倒伏。第二年耕作时变更过来，以原来的甽为垄，原来的垄为甽，使同一地块的土地沿甽垄轮换利用，以恢复地力。后来代田法不仅行于三辅地区，也推广到河东、弘农、西北边郡乃至居延等地，都收到了提高劳动生产率和增产的效果。

昭、宣时期社会经济的恢复和发展

武帝死后，霍光辅佐八岁的昭帝，继续实行武帝晚年的政策，“与民休息”。短短的几年内，流民稍还，田野益辟，政府颇有蓄积，西汉统治相对稳定。

昭帝始元六年（前81），御史大夫桑弘羊等与郡国所举贤良、文学六十余人辩论施政问题。贤良、文学力主罢盐铁、酒榷、均输官，以示节俭，并进而对于内外政策提出许多主张。这就是有名的盐铁之议，桓宽的《盐铁论》一书，即根据这次辩论写成。贤良、文学之议，对于“休养生息”政策的继续实行，对于安定局面的继续维持，起了促进作用。但是他们关于盐铁等方面的具体要求，多未被西汉政府采纳。始元六年七月，诏罢郡国榷酤和关内铁官，其余盐铁等政策，仍遵武帝之旧。

汉宣帝刘询是戾太子之孙，起自民间。他继位后慎择刺史守相，平理刑狱，并继承昭帝遗法，把都城和各

◇桑弘羊（前 152～前 80），西汉政治家。洛阳（今属河南）人。出生于商人家庭，十三岁选入宫廷做汉武帝的侍中。后任治粟都尉、大司农、御史大夫等职。汉昭帝时因参与燕王旦等人策划的谋反事件被处死。

郡国的苑囿、公田假给贫民耕种，减免田赋，降低盐价。这些政治经济措施，使阶级矛盾继续得到缓和，农业生产开始上升。由于连年丰稔，谷价下降到每石五钱，边远的金城、湟中地区，每石也不过八钱，这是西汉以来最低的谷价记录。过去，每年需要从关东漕运粮食六百万斛，以供京师所需，宣武五凤年间（前 57～前 54）大司农从三辅、弘农、河东、上党、太原各郡籴粟运京，关东漕卒因此罢省半数以上。这是三辅、河东等地农业有了发展的具体说明。沿边许多地方这时都设立了常平仓，谷贱则籴，谷贵则粜，以调剂边地的需要。更值得注意的是，沿边的西河郡（今内蒙古东胜附近）以西共十一郡以及二农都尉，都因长期的屯田积蓄，到了元帝初年，有了可供大司农调拨的钱谷。

官府手工业继续得到发展。齐三服官，蜀、广汉以及其他各郡工官，东西织室，生产规模都很庞大。铜器及铁器制造等手工业呈现繁荣景象。所以班固称赞宣帝时技巧工匠器械，元、成间很难赶上。

◇汉宣帝刘询（前92～前49），西汉第七代皇帝。本名刘病已，字次卿。公元前73年至前49年在位，庙号中宗。

汉宣帝被封建时期的历史家称为“中兴之主”，刘向赞扬他政教明，法令行，边境安，四夷清，单于款塞，天下殷富，百姓康乐，其治过于太宗（文帝）之时。但从另一方面看来，当时西汉统治集团积弊已深，豪强的发展和农民的流亡，都已难于遏止，所以阶级斗争的形势外弛内张，实际上比文帝时要严重得多。胶东、渤海等地，农民进行暴动，早已发展到攻打官府、抢夺囚徒、搜索朝市、劫掠列侯的程度，连宣帝自己也承认当时民多贫困，“盗贼”不止。

西汉末年阶级矛盾的尖锐化

元帝时，西汉社会险象丛生。农民由于受乡部胥吏无端勒索，尽管由政府赐给土地，也不得不贱卖从商，实在穷困已极，就只有起为“盗贼”。元帝为了怀柔关东豪强，消除他们对西汉王朝的“动摇之心”，甚至把汉初以来迁徙关东豪强充实关中陵寝地区的制度也放弃了。儒生京房曾问元帝当今是不是治世，元帝莫可奈何地回答：“亦极乱耳，尚何道！”

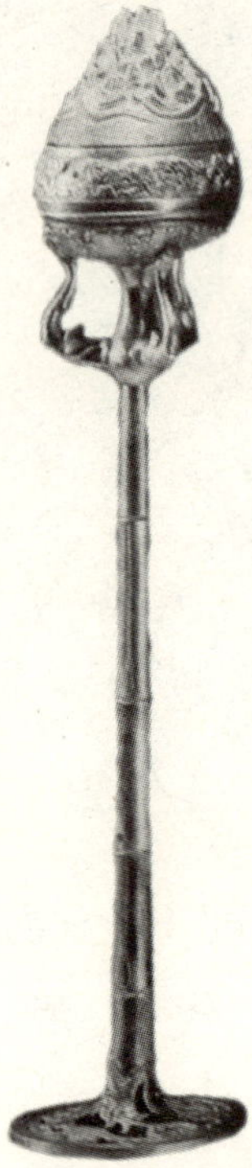

◇陕西兴平茂陵出土西汉博山炉

成帝时，西汉王朝走上了崩溃的道路。成帝大兴徭役，加重赋敛。假民公田的事不再见于记载。外戚王氏逐步控制了西汉政权，帝舅王凤、王商、王音、王根等兄弟四人和王凤弟王曼之子王莽相继为大司马大将军，王氏封侯者前后共达九人之多，朝廷中重要官吏和许多刺史郡守，都出于王氏门下。外戚贪贿掠夺最为惊人。红阳侯王立在南郡占垦草田至几百顷之多，连贫民开辟的熟田也在占夺之列。王立把这些土地高价卖给国家，得到的报偿超过时价一万万钱。外戚在元帝时势力还不很大，资产千万者不多；他们后来家财成亿，膏田满野，宅第拟于帝王，都是在成、哀的短期内暴敛的结果。其他的官僚也依恃权势，大占良田，丞相张禹买田至四百顷，都有泾渭渠道灌溉，地价极贵。土地以外，他们的其他财物也极多。哀帝宠臣董贤得赐田两千余顷，贤死后家财被斥卖，得钱竟达四十三万万之巨。

商人的势力，这时又大为抬头。长安、洛阳等地多有资财数千万的大商人。成都大商人罗裒垄断巴蜀盐井之利，还厚赂外戚王根、幸臣淳于长，依仗他们的势力，在各郡国大放高利贷，没有人敢于拖欠。

成帝即位不久，今山东、河南、四川等地相继爆发了农民和铁官徒的暴动。建始四年（前 29），有东郡茌平（今山东茌平）侯毋辟领导的暴动。阳朔三年（前 22），有颍川（今河南禹州）铁官徒申屠圣等的暴动。鸿嘉三年（前 18），有自称“山君”的广汉（今四川金堂）郑躬所领导的暴动。永始三年（前 14），有尉氏（今河南尉氏）儒生樊并等和山阳（今山东金

◇河南方城出土的东汉时期阉牛画像砖

乡）铁官徒苏令等的暴动，苏令暴动经历十九郡国，诛杀长吏，夺取库兵，声势最为浩大。

哀帝时，西汉王朝的危机更加严重。师丹建议限田、限奴婢。孔光、何武等人拟定了一个办法，规定诸王、列侯以至吏民占田以三十顷为限；占奴婢则诸王最多不超过二百人，列侯、公主一百人，以下至吏民三十人；商人不得占田，不得为吏。这个办法受到当权的外戚官僚们的反对，被搁置起来了。

农民处境如当时的鲍宣所说，“有七亡而无一得”，“有七死而无一生”。哀帝采纳阴阳灾异论者的主张，企图用“再受命”的办法来解脱西汉统治的危机。他自己改称“陈圣刘太平皇帝”，改元“太初元将”。这充分暴露了西汉统治者空虚绝望的心情。

王莽代汉和改制

在农民战争迫在眉睫，西汉王朝摇摇欲坠，“再受命”说风靡一时的时候，王莽继诸叔之后出任大司马大将军，辅政一年多。哀帝即位后，王莽失势。当丁、傅等外戚和其他达官贵人激烈反对限田之议时，太皇太后王氏（即原来的元帝王皇后）表示，愿意把王氏家族除冢茔以外的田地全部分给贫民。平帝时，王莽复任大司马，屡次损钱献地，收揽民心。在政治上，他一方面排除异己，穷治与平帝外家卫氏有关的吕宽之狱，连引不附王氏的郡国豪杰，死者以百数；另一方面，他又极力树立党羽，笼络儒生，让他们支持自己夺取政权的活动。在这种情况下，各地上书颂扬王莽功德者，以及献祥瑞、呈符命者，络绎于途。这些人都力图证明汉祚已尽，王莽当为天子。

◇王莽（公元前45～公元23），西汉末年外戚，后为新朝皇帝。字巨君。

平帝死，孺子婴立，王莽继续辅政，称摄皇帝。汉宗室刘崇和东郡太守翟义相继起兵反对王莽，关中二十三县民十余万群起响应，一度震动长安，但都被压平了。居摄三年（初始元年，公元8年），王莽自立为帝，改国号曰新。为了解决西汉遗留的社会矛盾，王莽陆续颁布法令，附会《周礼》，托古改制。

始建国元年（公元9），王莽下诏，历数西汉社会兼并之弊，其中最主要的是土地问题和奴婢问题。诏令说

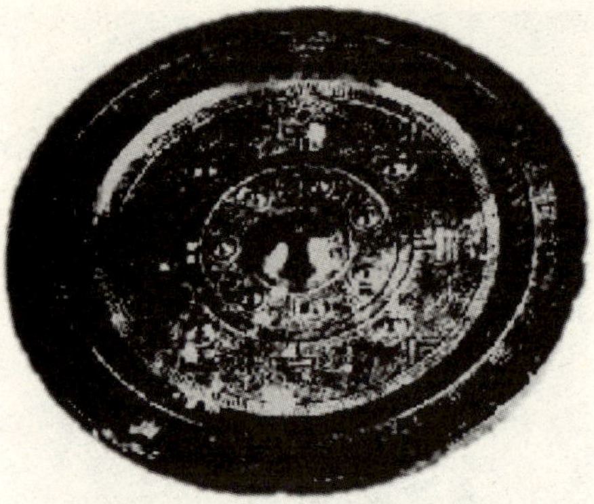

◇新莽“始建国二年”纪年铜镜

到权势之家占田无数，而贫弱之人连立锥之地都没有；又置奴婢市场，把奴婢同牛马关在一起，专断奴婢性命。针对这种情况，诏令宣布：天下的土地，一律改称王田；天下的奴婢，一律改称私属，都不许买卖。男口不足八人而土地超过一井（九百亩）的人家，把多出的土地分给九族、邻里、乡党。无田者按一夫百亩的制度受田。有敢表示违抗者，流放四裔。

王莽颁布这个诏令的目的，不是也不可能是真正改变私人的封建土地所有权和奴婢的社会地位，而是冻结土地和奴婢的买卖，以图缓和土地兼并和农民奴隶化的过程。在此以后，地主官僚继续买卖土地和奴婢，以此获罪的不可胜数，因此他们强烈反对这个诏令。始建国四年，王莽不得不改变这个诏令，宣布王田皆得买卖；犯买卖奴婢罪者也不处治。这样，王莽解决当前最主要的社会矛盾的尝试，很快就失败了。不过王莽所定王田、私属之制和山泽六筦之禁，名义上还存在，直到地皇三年（公元 22），即王莽政权彻底崩溃前夕，才正式宣告废止。

◇关于王莽改制的新莽铜嘉量铭文

始建国二年，王莽下诏实行五均六筦，企图以此节制商人对农民的过度盘剥，制止高利贷者的猖獗活动，并且使封建国家获得经济利益。五均是在长安以及洛阳、邯郸、临淄、宛、成都等大都市设立五均司市师，管理市场。每季的中月，司市师评定本地物价，叫做市平。物价高过市平，司市师照市平出售；低于市平，则听民买卖；五谷布帛丝绵等生活必需品滞销时，由司市师按本价收买。民因祭祀或丧葬需钱，可向钱府借贷，不取利息；欲经营生计而缺乏本钱的，也可低利借贷。

◇新莽“始建国元年”铜方斗

六筦是由国家掌握盐、铁、酒、铸钱、五均赊贷等五项事业，不许私人经营；同时控制名山大泽，向在名山大泽中采取众物的人课税。六筦中除五均赊贷一项是平准法的新发展以外，其余五项都在汉武帝时实行过。王莽用来推行五均六筦的，多是一些大商贾，这也同武帝以贾人为盐铁官一样。但是武帝凭借强大的国家力量，能够基本上控制为国家服务的商人；而王莽则没有这样的力量可以凭借，所以对这些人也无能为力。这些人乘传巡行，与郡县通同作弊，盘剥人民，损公肥私。所以王莽实行五均六筦，同武帝实行同类措施相比，其结果也就各异了。

居摄二年，王莽加铸错刀、契刀、大钱等三种钱币，规定错刀一值五千，契刀一值五百，大钱一值五十，与原有的五铢钱共为四品，同时流通。始建国元年，王莽废错刀、契刀与五铢钱，另作小钱，与大钱一值五十者并行，并且颁令禁挟铜炭，以防盗铸。始建国二年，王莽改作金、银、龟、贝、钱、布，名曰宝货，凡五物（钱、布皆用铜，共为一物）、六名、二十八品。人民对王莽钱币毫无信任，都私用五铢钱，王莽又加严禁，人民反抗不已。王莽迫于民愤，暂废龟、贝等物，只行大、小钱，同时加重盗铸的禁令，一家铸钱，五家连坐，没入为奴婢。地皇元年，王莽又尽废旧币，改行货布、货泉二品。

货币不合理的变革，引起了经济混乱，加速了王莽财政的崩溃和人民的破产。他滥行五家连坐的盗铸法，实际上恢复了残酷的收孥相坐律。犯法的人没为官奴婢，铁索系颈，传诣钟官，以十万数。到达钟官以后，还要易其夫妇，以至愁苦而死者十之六七。这项法令增加了汉末以来奴隶问题的严重性，使人民受苦最深，人民的愤恨最大。

◇新莽货币

在政治制度方面，王莽也大事更张。他把中央和地方的官名、郡县名和行政区划，都大大加以改变。他还恢复五等爵，滥加封赏。官吏俸禄无着，就想方设法扰民。

◇王莽铜卡尺。公元初年，王莽变法改制时制作。铜卡尺长14.22厘米，分固定尺和活动尺两部分，尺的正面刻有寸、分等刻度，背面刻“始建元年”（公元9）等铭文，是迄今发现的世界最早的游标卡尺，比西方科学家制成的游标卡尺早一千七百多年。

王莽改制所引起的混乱愈来愈大。他为了挽回威信，拯救危亡，一面继续玩弄符命的把戏，一面发动对匈奴和对东北、西南边境各族的不义战争。沉重的赋役征发，战争的骚扰，残酷的刑法，使农民完全丧失了生路。据官吏报告，人民苦于法禁烦苛，手足无措；尽力耕耘，不足以给贡税；闭门自守，又受邻伍铸钱挟铜的株连。奸吏烦扰人民，人民无路可走，不得不起为“盗贼”。严重的天灾也不断袭击农村，米价高达五千钱、万钱一石，甚至黄金一斤只能易豆五升。这种情况更促使农民暴动风起云涌。西汉宗室旧臣反对王莽的斗争也不断发生，而且逐渐与农民的斗争发生联系。在西汉统治的穷途末路中登上历史舞台的王莽，不能解脱社会危机。更始元年（公元 23），王莽政权终于在起义农民的打击下彻底崩溃。

绿林、赤眉大起义

绿林军

反对王莽政权的农民起义，首先发生在北方边郡地区。王莽为了出击匈奴而进行的征发，在边郡比在内地更为严重。边境数十万驻军，不但仰给边民供应，而且还大肆骚扰，边民不堪其苦，铤而走险，聚众反抗。始建国三年（公元 11），边民弃城郭流亡，随处暴动，并州、平州一带更为猛烈。天凤二年（公元 15），五原、代郡民举行暴动，数千人为群，转入旁郡。

接着，黄河流域和长江流域也相继出现了农民暴动。天凤四年，临淮人瓜田仪在会稽长洲（今江苏苏州西南）起义，出没于湖海之间。同年吕母在海曲（今山东日照）起义，杀县令，入海坚持战斗。此起彼伏的暴动，预示大规模的农民战争即将来临。

天凤年间，荆州一带遇到连年的大饥荒，农民相率到野泽中掘荸荠为食。他们人数越聚越多，形成一支武装力量，推新市（今湖北京山境）人王匡、王凤为首领，不时攻击附近的乡聚。他们隐蔽在绿林山中（今湖北京山北），因而被称作绿林军。几月后，绿林军发展到七八千人。但是那时他们还没有攻城略地的打算，只盼望年成好转，能够返回田间。

◇ 绿林赤眉起义图

地皇二年（公元 21），王莽的荆州牧发兵进攻绿林军，绿林军出山迎击获胜，部众增至数万人。地皇三年，绿林山中疾疫流行，绿林军出山，一支由王常、成丹等率领，西入南郡（治今湖北江陵），称下江兵；另一支由王匡、王凤、马武等率领，北上南阳，称新市兵。新市兵攻随县时，平林人陈牧、廖湛率众响应，于是绿林军中又增添了一支平林兵。汉宗室刘玄这时也投身于平林兵中。

南阳大地主刘缜、刘秀兄弟也是汉宗室，他们以“复高祖之业”相号召，联络附近各县地主豪强，并且把宗族、宾客组成一支七八千人的军队，称为春陵军，参加反对王莽的行列。春陵军与王莽军接战不利，乃与向北折回的下江兵约定“合纵”。这时绿林军连败莽军，发展到十多万人。绿林军领袖为了扩大影响，于宛城南面的淯水上拥立刘玄作皇帝，恢复汉的国号，年号更始（公元23）。刘玄在宗室中是没落的一员，参加起义虽早，却无兵权。绿林军领袖拥刘玄为帝，这是他们受到刘汉正统思想影响的表现；但是立刘玄而不立野心勃勃的刘缜，又是绿林军领袖疏远刘缜、刘秀的结果。

绿林建号以后，王莽发州郡兵四十二万，由王邑、王寻率领，阻击绿林军。六月，王莽军前锋十多万人，围绿林军于昆阳（今河南叶县）。绿林军八九千人，由王凤、王常率领，坚守昆阳，刘秀则突围征集援兵。那时昆阳城外围兵数十重，列营百数，围兵挖掘地道，又用撞车攻城，积弩乱发，矢下如雨。刘秀等十三骑突出围城，发郾、定陵营兵数千人援昆阳，王邑、王寻一战失败，王寻被杀。城中守军乘势出击，里外合势，莽兵大溃，士卒相践踏，奔走百余里。绿林军在这一战役中夺获军实辎重车甲珍宝，不可胜数。这就是中国历史上著名的以少胜多的昆阳之战。昆阳战后，海内闻风响应，起兵诛杀牧守，自称将军，用汉年号，以待更始诏命。显然，这次战役对于绿林军入关和王莽覆灭，起了决定作用。

刘秀在昆阳之战中立了功绩，刘缜又夺得宛城，势力逐渐凌驾农民军，因此新市、平林诸将劝更始帝把刘缜杀了。接着，绿林军分兵两路进击王莽。一路由王匡率领，攻克洛阳。更始帝在洛阳派遣刘秀到黄河以北去发展势力，刘秀北上后，逐步脱离了农民军的控制。另一路由申屠建、李松率领，西入武关。析县人邓晔起兵攻下武关，迎入绿林军，合兵直取长安，关中震动。这时长安发生暴动，王莽被杀，长安被绿林军迅速攻克。更始二年初，更始帝迁都长安。

◇湖北京山绿林山绿林军建造的古汉梯田遗址

进入长安的绿林军纪律严明，府库宫室一无所动，长安市里不改于旧。绿林军瓦解了一批关中的豪强武装，迅速平定三辅。但是不久以后，更始帝自己首先沉醉在宫廷生活中，地主儒生大肆活动，起义军内部离心离德的现象便逐渐出现了。

赤眉军

比绿林军发动起义稍后，琅邪人樊崇等在莒县起义。樊崇作战勇敢，青、徐各地起义领袖逄安、徐宣、谢禄、杨音等都率部归附他。他们在泰山、北海一带进行斗争，击败田况所部莽军。参加这支起义军的都是为饥饿所迫的农民，他们同绿林军一样，起初并无攻城徇地的意图。他们因袭汉朝乡官、小吏称号，把各级首领分别称为三老、从事、卒史，彼此之间以巨人相呼。他们没有文书、旌旗、部曲、号令，口头相约："杀人者死，伤人者偿创。"为了作战时与敌人相区别，他们把眉毛涂红，因而获得赤眉军的称号。

◇河南内乡赤眉古寨遗址

公元 22 年，王莽派太师王匡和更始将军廉丹，率军十多万，进攻这一支起义军。王匡、廉丹的军队残害百姓，十分横暴，百姓作歌道："宁逢赤眉，不逢太师（王匡），太师尚可，更始（廉丹）杀我。"赤眉军在成昌（今山东东平）

击败莽军，杀廉丹，势力大为扩展。当刘玄进入洛阳时，赤眉军也在中原活动，樊崇等二十多人还接受了刘玄的列侯封号。刘玄排斥赤眉，樊崇等人乃脱离刘玄，转战于今河南一带。

赤眉军虽然连战获胜，但是部众思归。赤眉领袖认为部众回乡必散，于是率领他们西攻长安。公元 25 年，赤眉军进至华阴，有众三十万。赤眉领袖在巫师怂恿下，在军中找到一个没落的西汉宗室、十五岁的牛吏刘盆子作皇帝。接着，赤眉军进攻长安，推翻了刘玄的统治。

农民起义失败　刘秀建立东汉王朝

赤眉入关时，刘秀也派兵向关中进发。在此之前，当刘秀于更始元年（公元 23）冬渡河北上时，黄河以北有铜马、大彤、高湖、重连、铁胫、大枪、尤来、上江、青犊、五校、檀乡、五幡、五楼、富平、获索等部农民军。他们各领部曲，或以山川土地为名，或以军容强盛为号，据说有数百万人。除了农民军以外，各地豪强地主武装和王莽的残余势力也还不少。豪强地主在邯郸立诈称成帝之子的卜者王郎为帝，声势最大。刘秀依靠信都（治今河北冀州）太守任光、昌成（今河北冀州西北）人刘植、宋子（今河北赵县东北）人耿纯等地主武装的支持，又得到上谷（治今河北怀来东南）太守耿况、渔阳（治今北京密云西南）太守彭宠的援助，击败了王郎。更始帝派人立刘秀为萧王，并令他罢兵去长安。刘秀羽翼已成，拒不受命，留在河北坐观关中的变化。他逐个吞灭了铜马、高湖、重连等部农民军，关中一带把他称作“铜马帝”。

公元25年，当赤眉军迫近长安时，刘秀在鄗县（今河北高邑东南）之南即皇帝位（光武帝），沿用汉的国号，以这一年为建武元年。不久，刘秀定都洛阳，史称东汉。同年九月，赤眉军入长安。长安附近的豪强地主隐匿粮食，武装抵制赤眉。赤眉军粮尽不支，西走陇阪，寻找出路。赤眉在那里受到割据势力隗嚣的阻挡和风雪的袭击，折返长安，引众东归。这时，刘秀的军队已经扼守殽函地区，截断了赤眉东归道路。赤眉军奋勇力战，但终因粮尽力绌，于建武三年（公元27）春失败。

汉光武帝刘秀继续镇压河北农民军余部，并削平各地的割据势力，于建武五年统一了北方的主要地区。建武九年他平定了割据天水的隗嚣，建武十二年平定了割据蜀地的公孙述，实现了全国的统一。

东汉时期封建经济的发展和豪强势力的扩张

生产的发展　南方经济水平的提高

汉光武帝刘秀在国内统一战争中，利用农民战争造成的有利形势，于建武二年至十四年（公元26～公元38）连续六次颁布释放奴婢的诏令。诏令规定：凡属王莽代汉以来吏民被没为奴婢而不符合汉法的，青、徐、凉、益等割据区域吏民被略卖为奴的，吏民的妻子遭饥乱被卖为奴而要求离去的，一律免为庶人；奴婢主人如果拘执不放，按汉“卖人法”和“略人法”治罪。建武十一年，光武帝又连续颁令：杀奴婢的不得减罪；炙灼奴婢的按法律治罪，免被炙灼者为庶民；废除奴婢射伤人弃市律。西汉后期和王莽统治以

◇汉光武帝刘秀（公元前6～公元57），南阳蔡阳（今湖北枣阳西南）人，刘邦九世孙，公元25～公元57年在位。

来，“卖人法”和“略人法”已成具文，收孥相坐律得到恢复，奴隶问题的严重性增加了。光武帝的这些诏令，体现了农民战争对奴隶制残余的扫荡，也起了动摇青、徐、凉、益等州割据势力的作用。

光武帝对于严重的土地兼并问题，没有也不可能提出解决办法。东汉的土地兼并和人口荫附问题，一开国就很严重。以光武帝为首的新的统治者本来是大地主集团，此时更是凭借政权，进一步搜括土地，占夺人口，都城洛阳地区和光武帝家乡南阳地区特别严重。但是在农民战争之后，腐败的政治有所更新，农民处境多少有了改善，因而农业和手工业得以向前发展。

◇山东滕州长城村出土的大型铁铧

东汉时的农业生产比西汉时有了提高。北方出土的东汉铁农具镬、锸、锄、镰、铧等，数量之多，大大超过西汉。犁的铁刃加宽，尖部角度缩小，较过去的犁铧坚固耐用，便于深耕。大型铧比较普遍，其他农具，一般也比过去宽大。东汉出土的曲柄锄和大镰，便于中耕、收获。回转不便的耦犁（二牛抬杠），在某些地方已被比较轻便的一牛挽犁所代替。比较落后的淮河流域和边远地区，也在推广牛耕和铁铧犁。南方的蜀郡发展了蚕桑业。长沙、桂阳、庐江等郡，蚕桑业也在逐步推广。

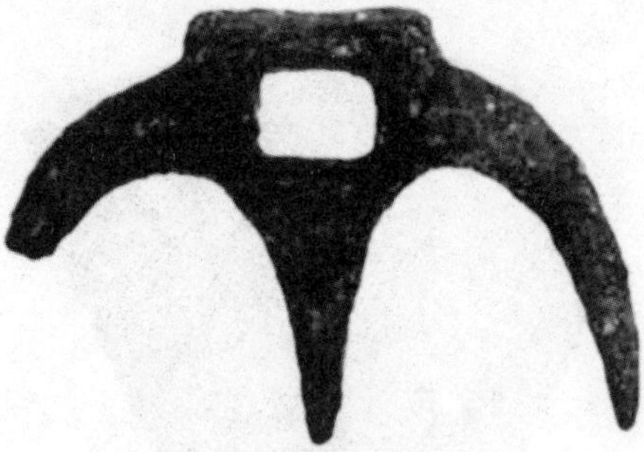

◇山东临朐王家圈出土的东汉铁三齿耙

黄河的修治，是促进东汉前期北方农业恢复和发展的一件大事。平帝时黄河决口，河道南移，河水大量灌入汴渠，泛滥数十县。东汉初年，国家无力修治；河北的官僚地主为了使自己的田园免除河患，乐于以邻为壑，又力阻修治汴渠。因此黄河以南的兖、豫等地人民，受灾达六十年之久。明帝时，以治水见长的王景和王吴，用堰流法修作浚仪渠。永平十二年（公元69），王景与王吴又率卒几十万修治黄河、汴渠。王景、王吴在从荥阳东到千乘（今山东高青）海口的地段内勘察地势，开凿山阜，直截沟涧，疏决壅积；还在汴河堤上每十里立一水门，控制水流。他们用这个办法终于使河汴分流，消除了水患，使黄泛地区广大土地重新得到耕种。河工告成后，明帝把滨渠下田赋与贫人，不让豪右独占。

◇浙江绍兴鉴湖是中国古代长江以南著名的水利工程之一，东汉永和五年（140），由会稽太守马臻率民集山阴、会稽两县三十六源之水而成。

关东地区以至于长江以南，陂池灌溉工程也陆续兴建起来。汝南太守邓晨修复了鸿郤陂（在今河南汝南、息县间），以后鲍昱继续修整，用石闸蓄水，水量充足。南阳太守杜诗修治陂池，广拓土田。渔阳太守张堪在狐奴（今北京顺义境）引水溉田，开辟稻田八千多顷。章帝时，王景为庐江太守，修复芍陂（在今安徽寿县），境内得以丰稔。在芍陂旧址，曾发现一处东汉时的以夹草泥土修筑闸坝的水利工程遗存。江南的会稽郡在稍晚的时候修起了镜湖，周围筑塘三百多里，溉田九千多顷。巴蜀地区的东汉墓葬中，有许多池塘、水田的陶制模型出土，池塘和水田之间，连以渠道，这是巴蜀地区水利灌溉发达的实证。广东佛山也有水田模型出土。各地兴复或修建的陂湖渠道还有不少。

最晚到两汉之际，中国已出现了水碓，据说它在谷物加工方面的功效，比足践碓高十倍，比杵臼高百倍。东汉末年，出现了提水工具翻车、渴乌，翻车设机车以引水，渴乌为曲筒以气引水。

生产工具和生产技术的改进，使农产品的亩产量显著提高。据《九章算术·衰分》命题，一亩产粟二斛，当符合东汉初年实情。《东观汉记》记载，章帝时张禹在徐县开蒲阳旧陂，垦田四千余顷，得谷百万余斛，每亩产量在二三斛之间。汉末仲长统在《昌言》中谈及当时的农田亩产量和租率时说：“今通肥饶之率，计稼穑之入，令亩收三斛，斛取一斗，未为甚多。”所谓亩产三斛（斛指小石，一石合二市斗；亩产三石合每市亩产粟二百八十一市斤），比《汉书·食货志》所记西汉的亩产量高很多。如果是有水利灌溉的土地，产量即更高：“故卤地，诚得水，可令亩十石。”史籍所记东

◇山东嘉祥东汉画像石上的桔槔取水图

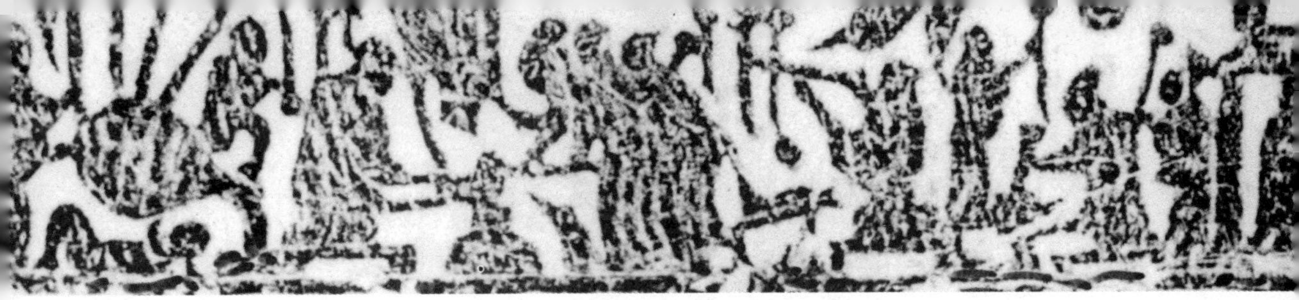

◇山东滕州宏道院出土的东汉画像石冶铁图

汉户口数和垦田数都比西汉的最高数字略少，这是由于东汉地主隐匿的土地和人口大大超过西汉，不能据以判断东汉农业水平。

东汉初年，各地原有铁官多未恢复，不少人私自冶铁铸器。南方地区也逐渐出现了冶铁和铁器制造业。桂阳郡（治今湖南郴州）的耒阳出铁，别郡的人常聚集在这里冶铸；卫飒任桂阳太守，上章请求于耒阳置铁官，罢斥私铸，每年增加收入五百余万钱。章帝时曾拟全面恢复筦盐铁旧制，没有成功。和帝即位，正式罢盐铁之禁。从此各地私铸日盛。东汉铁器出土地点远比西汉为多，除北方外，今南京、杭州、绍兴、南昌以及一些南方腹地都有东汉铁器出土。这个时期，主要兵器全为铁制品，铁兵器外形也比西汉时期加大。大地主大商贾公开制造兵器，质量比官器要好。据桓帝时崔寔为五原（治今内蒙古包头西北）太守所见，武勇的边民都用私家制造的兵器，而不肯用官器。铁制的生活日用品，在南北各地也多有发现。这种种情况，说明铁器的使用已遍及于人民生活的各个领域，也说明铁的总产量比过去大为增加。东汉初年，杜诗在产铁地南阳任太守，他推广水力鼓风用的水排，铸造农器，用力少，见功多，是冶铁技术史上一项重大改革。

◇东汉十二地支博局纹镜

炼铜和铜器制作，在长江以南的很多地方都很发达。广汉、蜀郡、会稽以及犍为属国的朱提县堂狼山（在今云南昭通）等地，都有兴盛的铜器制作业。广汉、蜀郡的官府作坊仍有一定规模，但是私人作坊所制铜器，数量更要多些。朱提堂狼的铜洗，会稽的铜镜，历代出土都很多。铜镜远销国外，日本、朝鲜多所发现。此外蜀郡、广汉的漆器生产也有发展，出土漆器数量很多，也远销国外。北方各地品种繁多的精美丝织品，其质量在西汉的基础上继续有所提高。东汉末年，成都织锦开始发达起

◇四川成都扬子山出土的东汉盐场画像砖

来。此外，出土东汉画像砖表明，巴蜀地区人民此时已经利用火井煮盐。

东汉时期，在官府手工业和官府工程中，大量使用刑徒劳动。此前，在秦始皇陵侧，汉景帝阳陵附近，分别有秦和西汉刑徒墓出土，但是墓地小，不能同东汉相比。洛阳城南的东汉刑徒墓，在已发掘的一小部分墓地上，就有五百多座。死者躯体上下有砖，刻有狱名、刑名、姓名、死日等内容。死者绝大多数是青壮年，可以想见他们生前所受的非人待遇。

◇东汉货币建武五铢

东汉时期，北方的通都大邑，商业仍然发达。首都洛阳在今洛阳市东，东西约汉六余里，南北约汉九余里，与今实测城周长一万三千零六十米之数相近。洛阳地处中原，交通便利，是东汉商业最发达的城市。豪强富室操纵了大商业，船车贾贩，周于四方，货物积贮，满于都城。他们还大放高利贷，所取利息可以和封君相比。这个时期，百郡千县，市邑万数，都卷进了商品流通范围。官僚贵戚凭借权势，不仅大规模地从事内地贸易，还从事西域贸易和国外贸易。窦宪曾寄人钱八十万，从西域购买杂罽十余张；又令人运杂采七百匹，白素三百匹，以市月氏马、苏合香和毾㲪。从建武十六年（公元40）开始，东汉重铸五铢钱，其时商品流通量加大，而政府铸币能力却不够。货币数量既不能满足需要，质量又很低劣，所以市场比较混乱。整个东汉时期，缣帛和谷物都具有货币职能，在流通中起辅助作用。

东汉经济中，值得注意的是南方的经济水平显著提高，这在上述农耕、蚕桑、水利、铜铁冶炼、铜器制造和火井煮盐等方面都有表现。与此同时，北方人口显著减少，而南方人口却大量增加。据《汉书·地理志》和《续汉书·郡国志》约略比较，扬州人口概数从三百二十一万增加到四百三十四万，荆州从三百七十四万增加到六百二十七万，益州从四百五十五万增加到七百二十四万。其中荆州的零陵郡增加了七倍多，长沙郡四倍多，桂阳郡三倍多。南方户口增加，除了本地孳生率提高和北人南移的原因以外，还由于南方各族人民大

◇河南新野东汉画像砖人物图

◇河北安平逯家庄出土的东汉时期君车出行图

量成为东汉的编户。今云南地区当时人口增加五倍之多，主要当即东汉时“徼外蛮夷内附”的直接结果。丹阳、豫章、长沙、零陵、桂阳等郡人口增长，自然与越人、蛮人成为东汉编户有关。桓帝时抗徐试守宣城长，把深林远薮中“椎髻鸟语”之人大量移徙县城附近，就是一例。南方社会生产力的提高，南方人口的增长，也是南方各民族社会进步和封建经济领域在南方逐渐扩大的表现。

南方经济的发展，使东汉后期得以屡次调拨荆州、扬州的江南各郡租米赈济江淮地区和中原灾民。明帝永平年间，东汉王朝发徒两千人，重开今宝鸡与汉中之间的褒斜道，并在沿途修建驿亭桥阁，便利了益州与中原的交通。据《华阳国志》记载，东汉府库充斥西南财货，朝廷也多西南人才，可见益州同扬州、荆州一样，在东汉的政治、经济中都具有重要的地位。不过益州富在蜀郡，巴郡则还相当落后。

光武帝对豪强地主武装的妥协

封建经济的发展，在西汉后期导致了豪强势力的扩张。刘秀本人就是南阳的大豪强。南阳郡和河北诸郡响应刘秀的人，多是拥有宗族、宾客、子弟的豪强地主。刘植、耿纯以私兵随刘秀，成为东汉开国勋臣，他们在病危时都指定子侄代统营众，不愿放弃私家武装。在农民起义军所至的地区，豪强地主多聚众自保，待机渔利，如刘秀母舅南阳樊宏作营堑以待刘秀；京兆第五伦聚宗族邻里依险阻固，抗拒赤眉；南阳族姓冯鲂聚宾客，招豪杰，作营堑，观望等待。这些豪强地主都先后归附刘秀，成为刘秀的有力支柱。

◇四川广汉出土的市集画像砖

那时，也有许多拥有武装的豪强地主，称为兵长、渠帅，雄张乡土，抗拒政令。例如建武初年，赵魏豪右到处屯聚；清河大姓赵纲起坞壁，缮甲兵，为害一方；北海大姓夏长思囚太守，据城池，等等。这种人既不愿放弃自己割据乡土的武装，归附刘秀，又无力建号自守，与东汉统治集团公开抗衡。刘秀除了用武力削平一批之外，尽量采取安抚的手段对待他们，企图以官爵相诱，不战而使他们降服。建武二年（公元26），冯异代邓禹取关中，刘秀告诫冯异不要用略地屠城的办法，要力求作到平定安集。他还具体指明，营堡降者，遣渠帅诣京师，散小民归农桑，坏其营壁使不能复聚。冯异如令而行，平辑关中。

但是在东汉建国以后的十余年中，兵长、渠帅的活动迄未停止。他们散在郡县，威福自行，权势胜过官府。小民得罪天子，不过身死，得罪这些兵家，往往要灭门绝族。在光武帝的军事压力下，这些兵长、渠帅各生狐疑，他们彼此联系，拥众戒备，长期不散。所以，尽管全国统一战争已经结束，地方豪强势力仍然器张，东汉统治还不巩固。

◇湖南长沙马王堆出土的云纹漆案及杯盘

针对这种情况，光武帝在建武十五年采取了新的措施。他下诏州郡检核垦田顷亩和户口年纪，名为度田。度田的目的，除为了掌握确实的名籍和田数，以增加赋税收入外，更重要的是企图通过户口年纪的检核，以控制和解散豪强武装。但是州郡官吏畏惧豪强，不敢对他们推行度田，反而借度田之名蹂躏农民。农民被驱聚田中，遮道啼呼。光武帝以度田不实的罪名，处死了河南尹张伋以及诸郡守十余人。接着，郡国大姓及兵长群盗处处并起，到处攻劫，杀害长吏。郡县出兵追讨，他们就解散，郡县撤兵，他们又屯结起来。这实际上是大姓兵长对度田的抗拒。光武帝发兵威胁他们，把捕获的大姓兵长迁徙它郡，赋田授廪，割断他们与乡土的联系。经过这次斗争后，豪强武装转为隐蔽状态，形势相对缓和了。度田与案比（案户比民）的制度，在形式上成为东汉的定制，但实际上无法真正实行。

◇河南新野东汉画像砖中持盾站立的亭长

度田以妥协告终，豪强势力并没有被根本削弱，土地兼并仍在继续发展，广大农民生活痛苦，怨气满腹。在这种情形下，光武帝忧心忡忡，甚至不敢贸然举行封禅大典，说是不敢“欺天”。

明、章、和帝时，社会经济虽然向上发展，但农民弃业流亡，“裸行草食”的现象依然存在。明、章、和帝不得不屡下诏令，以苑囿地和郡国公田赋与贫民耕种。有时还要给予种粮，蠲免租赋，以缓和农民的不满。

大地主的田庄

豪强地主虽然有很多人经营大商业，船车周于四方，但是他们势力的基础，是他们的大田庄。光武外祖南阳樊重的田庄，高楼连阁，陂池灌注，竹木成林。田庄里种地三百顷，还放牧养鱼。田庄经营丝麻手工业，自制各种器物，据说“巧不可言”。田庄内部“闭门成市”，基本生活所需，在一定程度上可以不必仰赖田庄外面的市场。在出土实物方面，四川各地的画像砖，刻画着地主宅院外面的稻田、池塘、山林和盐井；山东滕州宏道院的画像石，则表现了地主田庄中冶铁的情景。这些资料，说明地主田庄经济力量的强大和很高的自给自足程

◇江苏徐州出土的鎏金兽形铜研盒

度。至东汉后期，“豪人之室，连栋数百，膏田满野，奴婢千群，徒附万计”。他们可以荫庇自己的宗族、宾客作为依附户，依附户不用向国家缴纳赋税和服徭役。

◇四川彭县出土的酿酒画像砖

东汉后期，崔寔著有《四民月令》一书，是地主经营田庄的家历。从书中所记的种植时令看来，它主要是根据中原地区特别是洛阳一带的田庄情况写成的。《四民月令》的资料，说明地主田庄中种有许多种类的谷物、蔬果、竹木、药材和其他经济作物，饲养各种牲畜，还有养蚕、缫丝、织缣帛麻布、染色、制衣鞋、制药、酿酒醋、作酱等手工业。

田庄主为了盘剥农民，除了放贷以外，还在各种产品的收获季节分别收购这些产品，而在农民需要种子、食物、绢布的季节把这些物品卖出去，以图获取高利。地主甚至在四五月间天暖时购进农民御寒用的敝絮，十月天寒时卖出，从中取利，可见地主盘剥农民无孔不入。这些也就是上述樊重田庄“闭门成市”的一部分具体内容。

田庄里被剥削的劳动者，是贫苦的宗族、亲戚和宾客，其中宗族占重要地位。一般说来，他们多是田庄主的依附农民，但依附程度不等。每年腊月，地主选配人力，安排田事，让农民收拾农具，准备春耕。春冻一解，繁忙的农事正式开始，直到隆冬为止。农事稍闲的时候，农民还要为主人修理沟渎，葺治墙屋。田庄主人对依附农民榨取实物地租，这种地租，按东汉初年马援在苑川役属宾客之例，是地主与田户中分。如果加上劳役部分，则剥削率就要更大了。河南密县出土的一种画像石，所表现的可能是地主收租的情景。内蒙古和林格尔出土的东汉墓的壁画，再现了墓主的政治经历，也描绘了田庄生产和生活的一部分内容。汉墓所在的定襄郡当时虽为边郡，但壁画所示的农桑畜牧情况，同《四民月令》中所述中原田庄相差无几。

◇内蒙古和林格尔汉墓壁画

地主在一定的时节按不同的亲疏关系“赈赡贫乏”，“存问九族”，“讲和好礼”。樊重在田庄中，据称也是“赈赡宗族，恩加乡闾”。这样就使封建剥削关系蒙上一层宗

◇东汉时期陶制楼阁

族“恩纪”的色彩，能够更有效地束缚农民。东汉时修成的《白虎通》一书，从意识形态上反映了宗族统治秩序。

拥有大田庄的大地主聚族而居，往往有族墓。河北无极县的甄氏族墓，上起两汉之际，绵延五百年。陕西潼关县的弘农杨氏族墓，自杨震以下历数代之久。安徽亳州曹氏族墓，包括魏武帝曹操先辈多人。与家族势力发展相应，厚葬习俗盛行。子孙为先人修墓，都极力经营墓室，多埋珍宝、人俑、车马，用壁画、画像石、画像砖加以装饰，并且大起冢茔，广建祠堂。当时的一些著作重视氏族源流的考察和记录，王符《潜夫论》有《志氏姓》，应劭《风俗通》有《姓氏篇》，与司马迁所见上古的《帝系》、《世本》、《谱牒》等记载帝王、诸侯、大夫世系者性质不同。这也是大族势力发展的反映。

据《四民月令》记载，大地主的田庄里，还拥有一支私家武装。每当二三月青黄不接或八九月寒冻将临时，

◇马援（公元前 14～公元 49），东汉初名将。字文渊，扶风茂陵（今陕西兴平东北）人。新莽末年，任新成（今陕西汉中）大尹。王莽败亡，依附陇西割据者隗嚣，后归刘秀。他的“男儿要当死于边野，以马革裹尸还葬”的名言，为后世称道。

地主纠集一部分农民，在田庄里“警设守备”，“缮五兵，习战射”，准备镇压可能出现的农民暴动。樊重田庄拥有“兵弩器械”，也说明存在着一支私家武装。出土的一些东汉时期的陶制楼阁、院宅模型，带有围墙、角楼、望楼、飞桥，具有军事性质。前述和林格尔汉墓壁画，亦于宅旁绘有望楼。持武器守卫于这类建筑物内外的武士，自然都是地主的私兵。还有一些东汉农夫俑和持盾武士俑，两者衣着相似，都佩戴环首大刀，表现了依附农民和私兵身份的一致。出土东汉画像石和墓室壁画中，常见以兰锜（兵器架）陈设兵弩的图像。私人邸宅用兰锜陈设兵弩以显示威仪，西汉时仅限于显贵官僚，所以极为罕见。东汉时兰锜图像在一般官吏和地主墓中多有出现，也反映其时地主田庄私家武装的普遍。

据《四民月令》看来，地主的私兵不是常设的，而是定期召集农民组成的，这与光武帝度田以前地主武装“岁月不解”的情况，自然有所不同。这种私兵是维持本地封建秩序的支柱，是实现国家镇压职能的补充力量，这与度田以前地主武装公开割据反抗的情况也不一样。但是这种私兵既然是封建经济的产物，在一定条件下它就可能转化为公开的割据武力，转化为统一国家的对立物，东汉末年豪强地主武装割据局面骤然出现，其根源就在这里。

◇东汉以兰锜陈设兵弩画像

由于豪强地主势力的发展，东汉农民创造的物质财富，大部分不是作为赋税流入国库，而是作为地租为豪强地主所攫取。所以对于东汉王朝说来，经济的发展，不是像西汉那样表现为封建国家的强大和统一的巩固，而是表现为封建国家的贫弱和政治的不稳。

封建专制体制的完备和统治阶级内部的矛盾

封建专制体制的完备

西汉末年阶级矛盾和统治阶级内部矛盾交织的历史，使东汉统治者怵目惊心。王莽代汉，赤眉、绿林起义，都是东汉统治者的严重教训，他们力图使这种历史不致重演。他们面对着豪强地主强大的势力，也力图加以控制，尽可能把它纳入东汉统治的轨道。在这种历史教训和现实要求交相作用之下，光武、明、章等帝都极力使专制主义中央集权制度进一步完备起来，以此加强统治。

东汉初年，功臣众多，封侯者百余人，其中功绩较大，在明帝时得以图像于云台的共二十八人。列侯封地大者六县，超过汉高祖刘邦对功臣侯的封赏。但是在政治上，汉光武帝刘秀则一反汉高祖以功臣任丞相执政的办法，不给功臣实权实职，剥夺他们的兵权。功臣侯除了任边将的以外，多在京城以列侯奉朝请，只有邓禹、李通、贾复等少数人，得与公卿参议大政。对于外戚，光武帝在经济方面尽量优容，例如郭皇后家号为“琼厨金穴”。但是鉴于王莽以外戚篡汉，光武帝不让外戚干预政事，不给他们尊贵地位。马援功勋很大，但以身为外戚，甚至不得列入云台二十八将数中。汉明帝刘庄令外戚阴、邓等家互相纠察。梁松、窦穆虽尚公主，但是都由于请托郡县、干乱政事而受到屠戮。章帝后兄窦宪以贱价强买明帝女沁水公主园田，章帝甚至切责窦宪，还说“国家弃宪如孤雏腐鼠耳!”对于宗室诸王，光武帝申明旧制“阿附蕃王之法”，不让他们蓄养羽翼。建武二十八年（公元52），光武帝命郡县收捕诸王宾客，牵连而死者以千数。明帝兄弟楚王英被告结交方士，作符瑞图书，楚王被迫自杀。永平十四年（公元71），明帝又穷治楚王之狱，被株连而致死徙的外戚、诸侯、豪强、官吏又以千计，系狱的还有数千人。

◇汉明帝刘庄像

汉明帝刘庄（公元27～公元75）

东汉第二代皇帝。字严，庙号显宗。汉光武帝刘秀的第四子，母为阴皇后。东汉光武帝统治时期，政治上相对安定，社会经济也得到一定发展。明帝即位后，一切遵奉光武制度，使这一局面得以继续。

因此，明帝以及随后的章帝在位期间，史称“明章之治”。明帝热心提倡儒学，他也很注重刑名文法，并严令后妃之家不得封侯参政。明帝在位期间，基本上消除了因王莽虐政而引起的周边少数族侵扰的威胁，使汉族和少数族的友好关系得到了恢复和发展。

在中央政府中，号称三公的太尉、司徒、司空只是名义上的政府首脑，实际权力在中朝的尚书台。光武帝曾裁并其他许多中朝官职，所以尚书台更能集中事权。尚书台设千石的尚书令和六百石的尚书仆射，令、仆射以下有六曹尚书分掌庶政，每曹有丞、郎若干人。皇帝挑选亲信的三公或其他大臣“录尚书事”，实际上等于自己直接指挥尚书台，所以尚书台专权用事就是专制皇权的加强。宫内有些官职西汉时例由士人充任或者参用士人，这时专由宦官充任，以便皇帝直接掌握，随意指使。然而，皇权强固和相权微弱，在东汉后期王朝衰败的条件下，却导致外戚宦官挟主专权，这是东汉统治者始料所不及的。

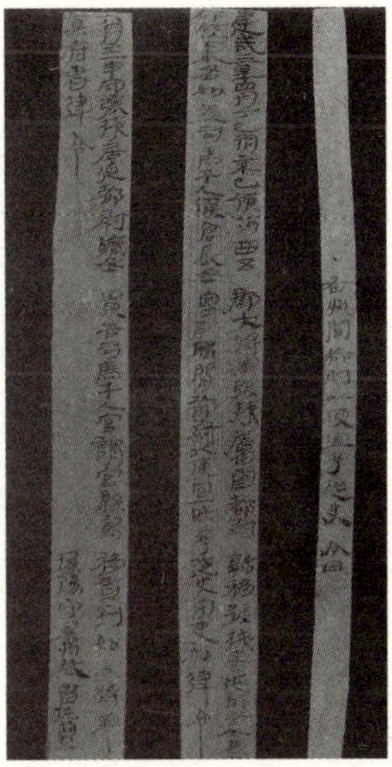

◇东汉《居延都尉府奉例》（局部）

在地方政权方面，光武帝裁并四百多县，这相当于西汉末年县、邑、道、侯国数的四分之一。吏职减去了十分之九，边塞的亭侯吏卒也陆续罢省了。这些措施主要是为了减少开支。地方政权中重要的改革之一，是州的地位由监察区域逐渐变为具有郡以上一级地方政权性质的行政区域；刺史则相应地变为具有统郡职能的长官。刺史举劾官吏，不再需要三公案验，即可黜免；刺史有了固定治所，只须年终派计吏奏事，不复自诣京师。不过这是一个逐渐的变化，到东汉末年才算完成。另一个重要改革，是光武帝废除内郡的地方兵，裁撤郡都尉，并其职于太守；取消郡内每年征兵操练的都试，让地方兵吏一律归还民伍。废除内郡地方兵后，国家军队常常招募农民或征发刑徒组成，指挥权完全集中在中央和皇帝之手。这样就有可能加强皇帝镇压和控制的力量，减少州郡豪强掌握本地军队的机会。不过终东汉之世，内郡地方兵并未全废，有事的时候，仍常征发郡兵，由太守或刺史率领作战。内郡的都尉也常复置。但是内郡地方兵缺乏经常的训练，战斗力不如西汉的正卒、卫士、

◇汉代儒家经学的典籍

戍卒。同时刺史领兵之制，使刺史兼有一州军政大权，开东汉末年州牧、刺史割据之渐。这些结果，也是同东汉统治者加强专制集权的愿望背道而驰的。

光武帝深知儒学是封建统治者重要的精神武器，所以他特别提倡讲经论理，从儒生中选择统治人才。早在建武五年，那时皇家宫室还未修饰，统一战争还未结束，光武帝就着手建立太学，设置博士，让他们各以“家法”传授诸经。明帝更是广召名儒，自居讲席，让诸儒执经问难。郡国学校也纷纷建立起来。东汉除了通过学校培植统治人才以外，更重要的是用察举孝廉、征辟僚属以及举贤良方正、直言极谏、茂才、明经等科目，网罗地主士大夫的子弟作官。孝廉按郡内人口每二十万人举一人为率，每岁选拔，是儒生仕进的主要阶梯。征辟由三公及郡守为之，被征辟的士大夫，往往由于“才高名重”而躐等升迁。光武帝对于隐居山林，不仕王莽的人，多方搜求，重礼征聘，表示他对封建名节的表彰，企图以此使“天下归心”。他以特礼对待隐居不仕的严光（严子陵），就是一个著名的例证。东汉王朝通过提倡经学，表彰名节，广开仕宦之路，收揽和培育了大量的统治人才，养成了重名节的社会风气，使它自己在豪强势力迅速发展的时候仍然得以维持统治。

外戚、宦官的黑暗统治

东汉王朝专制体制的加强，在一定的时间内起着稳定封建秩序的作用。但是和帝以后，当这个王朝趋于衰败时，强化的专制体制又起着相反的作用，促成了外戚、宦官的专权和他们之间的斗争。

和帝十岁即位，窦太后临朝，太后兄窦宪受命为侍中，内管机密，出宣诰命，实际上掌握政权。窦宪诸弟居亲要之职，大批窦氏党徒，都做了朝官或守令。窦宪以“仁厚委随”的老臣邓彪为太傅录尚书事，以与自己呼应。窦氏的奴客缇骑，杀人越货，横行京师。和帝在深宫中与内外臣僚隔绝，可以依靠的只有贴身的宦官。永元四年（公元 92），他用宦官郑众掌握的一部分禁军，消灭了窦氏势力。郑众从此参与政事，并受封为鄛乡侯，这是宦官用权和封侯的开始。

安帝十三岁即位，实际掌权的是和熹邓皇后和她的兄弟邓骘等人。这期间，邓太后除了并用外戚、宦官以外，又起用名士杨震等，以图取得士大夫的支持。邓太后死，安帝与宦官李闰、江京等合谋，消灭了邓氏势力。此后李闰、江京等人大权在握，而皇后阎氏的兄弟阎显等人也居卿校之位，形成宦官与外戚阎氏共同专权的局面。

延光四年（125），宦官孙程等十九人，拥立十一岁的济阴王为帝（汉顺帝），并且杀掉阎显。顺帝时，孙程等十九人皆得封侯，宦官的权势大为增长。他们不但可以充任朝官，还可以养子袭爵。后来，顺帝也扶植外戚势力，相继拜后父梁商和商子冀为大将军。

顺帝死后，梁太后和梁冀先后选立冲（两岁）、质（八岁）、桓（十五岁）三帝。梁太后也任用宦官，还扩充太学，尽力争取宦官和官僚士大夫的支持，但是根本大权还是掌握在梁冀手里。梁冀为大将军平尚书事，专权近二十年。他的宗亲姻戚充斥朝廷和郡县，官吏升迁，都得先向他谢恩，满足他的各种需索。他还派人出塞，交通外国，广求异物。他又在洛阳周围强占土地，调发卒徒，兴建私人苑囿，绵延近千里。他擅立苛刻禁令，不许别人触动苑中一草一木，苑兔被人误杀，牵连处死的至十多人。他还占夺几千口良人作奴婢，名之曰“自卖人”。梁冀当政时期，对郡县的调发比过去增多十倍，人民大批地死于官府的箠楚之下。延熹二年（159），梁皇后（桓帝后，梁冀之妹）死，桓帝与宦官单超等人合谋消灭梁氏。梁冀被抄的家财达三十多万万，官府获得这笔巨大收入后，得以在这一年减收天下租税之半。

◇梁冀（？～159），东汉外戚和权臣。字伯卓。安定乌氏（今甘肃平凉西北）人。

梁冀死后，宦官独揽政权，同时封侯者五人。他们“手握王爵，口含天宪”，权势达于顶点。宦官的兄弟姻亲临州宰郡，杀人越货，与盗贼无异。宦官侯览前后夺人宅舍竟达三百八十一所，夺人田地一百一十八顷。

和帝以来外戚、宦官交替专权，是封建统治集团的内部矛盾在专制制度下的尖锐表现。专制制度的完备，使权力高度集中于皇帝之手，皇帝成为一切权力的化身，觊觎权力的人，都力图挟持皇帝。外戚易于接近皇帝，利用皇帝幼弱，掌握朝政；而宦官又因缘时会，取外戚的地位而代之。无论外戚或宦官当权，都力图拥立幼主，以便自已继续操纵。他们又都趁权力在手的时候排除异己，竭泽而渔。在封建士大夫看来，宦官是他们所不齿的微贱的暴发户，所以在外戚、宦官的争斗中，外戚较多地得到士大夫的支持。但是也有一些士大夫攀附宦官，苟且求进。随着这种斗争的愈演愈烈，东汉统治愈来愈腐朽，大规模农民起义的条件也愈来愈成熟了。

官僚士大夫集团的形成　门阀的出现

在宦官、外戚的反复斗争中，还有另一种政治力量在起作用，这就是官僚士大夫结成的政治集团。

东汉时期，士人主要通过察举、征辟出仕。郡国守相进行察举，都尽可能选择年少能报恩的人，这种风气，在明帝时已是如此。征辟的情形也是一样。被举、被辟的人，成为举主、府主的门生、故吏。门生、故吏为了利禄，以君臣、父子之礼对待举主、府主，甚至不惜谄附、贿赂以求固结。举主、府主死后，门生、故吏服三年之丧。顺帝时，北海国相景某死，故吏服三年丧者凡八十七人。大官僚与自己的门生、故吏结成集团，也增加了自己的政治力量。

东汉后期的士大夫中，出现了一些累世专攻一经的家族，他们的弟子动辄数百人甚至数千人。通过经学入仕，又形成了一些累世公卿的家族，例如世传欧阳《尚书》之学的弘农杨氏，自杨震以后，四世皆为三公；世传孟氏《易》学的汝南袁氏，自袁安以后，四世中居三公之位者多至五人。这些人都是最大的地主，他们由于世居高位，门生、故吏遍于天下，因而又是士大夫的领袖。所谓门阀大族，就是在经济、政治、意识形态上具有这种特征的家族。东汉时期选士首先看族姓阀阅，所以门阀大族的子弟，在察举、征辟中照例得到优先。

◇门阀大族们往往在墓中随葬有这种士兵形象的部曲陶俑

门阀大族是大地主中长期发展起来的一个具有特殊地位的阶层。当政的外戚往往要同他们联结，甚至当政的宦官也不能不同他们周旋。门阀大族在本州、本郡的势力，更具有垄断性质，太守莅郡，往往要辟本地的门阀大族为掾属，委政于他们。宗资（南阳人）为汝南太守，委政于本郡的范滂，成瑨（弘农人）为南阳太守，委政于本郡的岑晊，因而当时出现了这样的歌谣："汝南'太守'范孟博（滂），南阳宗资主画诺；南阳'太守'岑公孝（晊），弘农成瑨但坐啸。"操纵了本州本郡政治的门阀大族，实际上统治了这些州郡。崔寔《政论》中记有这样的歌谣："州郡记，如霹雳，得诏书，但挂壁。"这表明地方官的文书，已超过皇帝诏书的力量。

清议和党锢

东汉后期，官僚士大夫中出现了一种品评人物的风气，称为“清议”。善于清议的人，被目为天下名士，他们对人物的褒贬，在很大的程度上左右乡间舆论，影响察举，对士大夫的仕途进退有很大的作用。郭泰就是这样一个“清谈闾阎”的名士，人物经他品评，即成定论，往往“先言后验”。汝南名士许劭与从兄许靖，喜欢在一起核论乡党人物，每月初一进行品评，所以有“月旦评”之称。大官僚和门阀大族为了操纵选举，进退人物，也都尊重名士，提倡清议，这种清议在士大夫中间多少能起一些激励作用。但是风气所至，士大夫相率让爵、推财、避聘、久丧，极力把自己装扮为具有孝义高行的人物，以图博得清议的赞扬。许多求名不得的人，

◇郭泰（128～169），东汉名士、太学生领袖。又作郭太，字林宗。太原介休（今属山西）人。

不惜饰伪以邀誉，钓奇以惊俗，有些人以此身败名裂。

安帝、顺帝相继扩充太学，笼络儒生，顺帝时太学生多至三万余人。太学生同官僚士大夫有着密切的联系，太学成为清议的中心。太学生为安帝以来风起云涌的农民起义所震动，深感东汉王朝有崩溃的危险。他们认为宦官外戚的黑暗统治是引起农民起义，导致东汉衰败的主要原因，所以力图通过清议，反对宦官外戚特别是当权的宦官，挽救东汉统治。

在宦官外戚统治下，州郡牧守在察举征辟中望风行事，不附权贵的士人受到排斥。顺帝初年，河南尹田歆察举六名孝廉，当权的贵人勋戚交相请托，占据名额，名士入选的只有一人。桓帝以后，察举制度更为腐败，时人语曰："举秀才，不知书。察孝廉，父别居。寒素清白浊如泥，高第良将怯如鸡。"在士大夫中，有一部分人趋炎附势，交游于富贵之门，助长了宦官外戚的声势。这种情形，使太学清议在攻击腐败朝政和罪恶权贵的同时，赞扬敢于干犯权贵的人。桓帝永兴元年（153），冀州刺史朱穆奏劾贪污的守令，打击横行州郡的宦官党羽，被桓帝罚往左校服劳役。太学生刘陶等数千人诣阙上书，表示愿意代替朱穆服刑劳作，因此桓帝不得不赦免朱穆。延熹五年（162），皇甫规得罪宦官，论输左校，太学生张凤等三百余人，跟大官僚一起诣阙陈诉，使皇甫规获得赦免。官僚、太学生的这些活动，对当政的宦官是一种巨大的压力。郡国学的诸生，也同太学清议呼应。

太学诸生，特别尊崇李膺、陈蕃、王畅等人，太学中流行着对他们的评语："天下模楷李元礼（膺），不畏强御陈仲举（蕃），天下俊秀王叔茂（畅）。"李膺的名望最高，士人与他交游，被誉为"登龙门"，可以身价十倍。李膺为司隶校尉时惩办不法宦官，宦官们只好小心谨慎，连休假日也不敢走出宫门。延熹九年，李膺杀术士张成，张成生前与宦官关系密切，所以他的弟子牢修诬告李膺与太学生及诸郡生徒结为朋党，诽讪朝廷，疑乱风俗。在宦官怂恿下，桓帝收系李膺，并下令郡国大捕"党人"，词语相及，共达二百多名。第二年，李膺及其他党人被赦归田里，禁锢终身，这就是有名的"党锢"事件。

◇李膺（110～169），曾与太学生领袖郭泰等结交，反对宦官专权。字元礼。东汉颍川襄城（今属河南）人。曾任青州刺史、司隶校尉等职。

党锢事件发生后，士大夫

闻风而动。他们把那些不畏宦官势力，被认为正直的士大夫，分别加上三君、八俊、八顾、八及、八厨等美称，清议的浪潮更为高涨。度辽将军皇甫规没有被当作名士列入党锢，甚至自陈与党人的关系，请求连坐。

灵帝建宁元年（168），名士陈蕃为太傅，与大将军窦武（窦太后之父）共同执政。他们起用李膺和被禁锢的其他名士，并密谋诛杀宦官。宦官矫诏捕窦武等人，双方陈兵对阵，结果陈蕃、窦武皆死，他们的宗室宾客姻属都被收杀，门生、故吏免官禁锢。建宁二年，曾经打击过宦官势力的张俭被诬告“共为部党，图危社稷”，受到追捕，党人横死狱中的共百余人，被牵连而死、徙、废、禁的又达六七百人。熹平五年（176），州郡受命禁锢党人的门生、故吏和父子兄弟。直到黄巾起义发生后，党人才被赦免。

官僚士大夫和太学生的反宦官斗争，在当时具有一定的正义性，博得社会的同情，因此张俭在被追捕时，许多人破家相容，使他得以逃亡出塞。官僚士大夫和太学生的反宦官斗争，只是为了缓和阶级矛盾，维护东汉王朝的正常统治秩序。但是农民起义不但没有因此偃旗息鼓，而且还发展到从根本上危及东汉统治。这时候，被禁锢的党人获得赦免，他们也就立刻同当权的宦官联合，集中力量来镇压起义农民。官僚士大夫与门阀大族息息相通，总的说来力量比宦官强大。所以在农民起义被镇压下去后，他们重整旗鼓，发动了对宦官的最后一击，终于彻底消灭了东汉盘根错节的宦官势力。

周边各民族

东汉王朝同周边各族的关系

南匈奴　北匈奴

东汉初年，当汉光武帝刘秀进行国内统一战争时，匈奴的势力有所发展。建武二年（公元26），渔阳太守彭宠反对刘秀，曾结匈奴为援。割据三水（今宁夏同心境）的卢芳在匈奴的支持下占据北边诸郡，同匈奴一起经常向南寇扰。光武帝也曾遣使与匈奴修好，但是没有取得结果，以后东汉派吴汉率军抗击匈奴，也经岁无功而返。统一战争结束后，卢芳于建武十四年逃入匈奴，东汉为了避免边境冲突，罢省定襄郡（治今山西右玉南），徙其民于西河（治今山西离石）；徙雁门（治今山西朔州东南）、代（治今山西阳高）、上谷（治今河北怀来东南）等郡吏民六万余口

◇内蒙古和林格尔出土的牧马图壁画

于居庸、常山以东。这样，匈奴左部就得以转居塞内。建武二十年，匈奴一度进至上党、扶风、天水等郡，成为东汉王朝严重的威胁。

正在这时，匈奴人遇到连年的旱蝗，赤地数千里，人畜死耗很大。东面的乌桓乘机进击，迫使匈奴北徙。接着，匈奴贵族中又发生了争夺统治权的内讧。建武二十四年，匈奴日逐王比被南边八部拥立为南单于，他袭用其祖父呼韩邪单于的称号，率部众到五原塞，请求内附，得到东汉的允许。从此以后，匈奴分裂为南北两部。

建武二十六年，南单于入居云中，不久又转驻西河郡的美稷，分屯部众于边境各郡，助汉戍守。东汉王朝常以财物、粮食、布帛、牛羊等赠给南匈奴，供给之费，每年达一亿钱以上。南匈奴同东汉和平相处，边境安宁，原来内徙的边郡居民，也多陆续回归本郡。和帝初年，南匈奴领有三万四千户，二十三万多口，包括军队五万人。南匈奴人逐步转向定居和农耕生活，并且逐渐向东向南迁徙。

◇东汉铜奔马

北匈奴离汉边较远。他们控制着西域，常常侵扰河西和北方郡县，掳掠南匈奴人和汉人。东汉王朝为了避免这种侵扰，答应与北匈奴“合市”，一些南匈奴贵族因此对东汉发生怀疑，他们同北匈奴贵族暗中联络，准备共同反对东汉王朝。东汉为了隔绝南、北匈奴的交通，设置度辽将军，统度辽营，屯兵于五原曼柏（今内蒙古达拉特旗东南）。章帝时，北匈奴贵族驱牛马到武威与汉人“合市”，得到郡县的隆重款待和东汉王朝的馈赠。

北匈奴受到北面的丁零、东面的鲜卑、东南面的南匈奴的夹攻，又受到西域许多国家的反击，势力薄弱，部众离散，大批地向东汉投降。东汉王朝为了保障河西四郡的安全，并相机恢复同西域的交通，发动了对北匈奴的进攻。明帝永平十六年（公元73），汉军四路出击：祭肜（或作彤）、吴棠出高阙塞，窦固、耿忠出酒泉塞，耿秉、秦彭出张掖居延塞，来苗、文穆出平城塞。窦固、耿忠的军队追击北匈奴至天山和蒲类海（今新疆巴里坤湖），夺得伊吾（今新疆哈密西），在那里置宜禾都尉，留吏士屯田。和帝永元元年（公元89），窦宪、耿秉率师出击北匈奴，北匈奴降者二十余万人。汉军出塞三千余里，直至燕然山（今蒙古杭爱山），命班固刻石而还。

永元二年，汉军复取伊吾。永元三年，汉军出居延塞，围北单于于金微山（今阿尔泰山），匈奴战败后离开了蒙古高原，向西远徙。从这时起，匈奴东面的鲜卑族逐步西进，占据了匈奴的故地。

西域诸国　班超在西域的活动

王莽时期，西域分割为五十五个小国，其中北道诸国，复受制于匈奴。莎车在塔里木盆地西端，当匈奴入西域时，莎车王康保护着受匈奴攻击的原西域都护吏士及其眷属千余人，并率领近傍诸国军队抵抗匈奴的侵犯。建武五年（公元29），莎车王康檄书河西，询问中原情况，河西大将军窦融承制立康为“汉莎车建功怀德王西域大都尉”。建武十四年，莎车王贤与鄯善王安遣使到汉，请派都护，光武帝没有力量，只好拒绝。此后匈奴遇到连年旱蝗，势力衰竭，莎车则逐渐骄横，攻掠近傍小国。在这种情势下，车师前王、鄯善、焉耆等十八国，于建武二十一年遣王子入侍，再请汉派都护，光武帝仍然没有答应。莎车王贤见

◇班超（公元32～102），东汉外交家、军事家。字仲升。扶风安陵（今陕西咸阳东北）人。

都护不出，于是攻破鄯善，又杀龟兹王。鄯善王警告东汉朝廷：如果再不置都护，各国将臣服于匈奴。光武帝回答说："如诸国力不从心，东西南北自在也。"这样，车师、鄯善、龟兹先后投降匈奴。此后，于阗攻灭莎车，势力增强，称雄南道，但不久也被匈奴控制了。

明帝时，东汉开始发动了进击匈奴的战争。永平十六年（公元73）窦固、耿忠所占伊吾，是西域东部门户，宜于种植五谷桑麻葡萄；其西面的柳中，也是膏腴之地。所以这一带是东汉与匈奴争夺西域的关键。永平十七年，东汉恢复了西域都护，以陈睦充任，并以耿恭、关宠为戊己校尉，分驻车师后王部和前王部。

窦固占领伊吾后，派假司马班超率吏士三十六人，出使西域南道各国，争取它们同东汉一起抗拒匈奴。那时西域各国的一部分贵族，希望摆脱匈奴的野蛮统治，终止各国之间的纠纷，所以愿意帮助班超。也有一部分贵族受匈奴挟持，凭借匈奴势力，与班超为敌。

班超先到鄯善。他夜率吏士烧匈奴使者营幕，杀匈奴使者，控制鄯善。接着班超西至于阗，迫使于阗王杀匈奴使者，归服汉朝。

永平十七年班超前往西域西端，遣人从间道驰入疏勒，废黜龟兹人所立的疏勒王，另立亲汉的疏勒贵族为王。

当班超获得进展的时候，匈奴所控制的焉耆、龟兹等国，在永平十八年发兵攻击东汉都护，都护陈睦被杀。匈奴围困关宠，车师也发兵助匈奴围攻耿恭。章帝建初元年（公元76），东汉援军败车师，击退匈奴，救出耿恭和残存的吏士二十余人。东汉无力固守车师，于是撤销都护和戊己校尉，召班超回国。建初二年，东汉撤退伊吾屯田兵，西域门户重又暴露于匈奴骑兵之前。

南道诸国怕班超撤退后匈奴卷土重来，都苦留班超，疏勒、于阗最为恳切。在这种情况下，班超决心留驻西域。班超压服了疏勒一部分亲匈奴的势力，并且用东汉前后两次援兵千余人以及于阗等国兵，迫使匈奴在南道的属国莎车投降，又击败了龟兹援助莎车的军队，西域南道从此畅通。

和帝永元元年至三年（公元89～公元91），东汉窦宪率军连破匈奴，匈奴主力向西远徙，西域的形势发生了有利于东汉的变化。永元二年，大月氏贵霜王朝发兵七万，由其副王率领，逾葱岭入侵。班超坚壁清野，又遮断其与龟兹的联络，迫使大月氏撤军。永元三年，北道龟兹等国降于班超。汉以班超为西域都护，驻守龟兹，徐干为长史，驻疏勒，并复置戊己校尉。永元六年，焉耆等国归东汉，北道完全打通，西域余国全部内属，班超以此受封为定远侯。

◇新疆喀什盘橐城（班超城）旧址

永元九年，班超派甘英出使大秦（罗马帝国的东部地区），甘英达到条支的海滨（今波斯湾头），临海欲渡，为安息人所阻而还，汉与大秦的直接联系没有成功。桓帝延熹九年(166)，大秦王安敦（即罗马皇帝 Marcus Aurelius Antoninus）遣使者来到洛阳，是中国与罗马帝国的首次接触。

班超在西域坚持奋斗，帮助西域人解除匈奴贵族的束缚，使西域重新与内地联为一体。永元十四年八月，班超回到洛阳，九月病卒。

班超东归以后，继任的都护任尚失和于西域诸国，受到诸国的攻击。接着陇西羌人与东汉发生战争，陇道断绝。安帝永初元年（107），东汉派班超之子班勇率兵西出，迎接都护段禧及屯田卒东归。西域交通中断后，残留于天山与阿尔泰山间的北匈奴，又乘机占领伊吾，寇掠河西，杀害出屯伊吾的敦煌长史索班。东汉朝廷经过激烈辩论后，于延光二年（123）决定，派班勇为西域长史，出屯柳中（今新疆鄯善西南）。

班勇进驻西域后，陆续逐退了残余的匈奴势力，再一次打通了西域道路，保障了河西边塞。班勇自幼随父在西域成长，深悉西域道里、风土和政治情况。他编著《西域记》一书，是范晔撰《后汉书·西域传》的重要根据。

班勇以来，东汉不再置西域都护，而以西域长史代行都护之职。桓帝时，长史常驻于阗。西域长史和戊己校尉一直维持到灵帝末年。当时刺史权力日益提高，这两个官职便成为凉州刺史的属官，西域也就成为凉州的辖区了。建安年间，凉州大乱，西域始与中原暂时断绝联系。

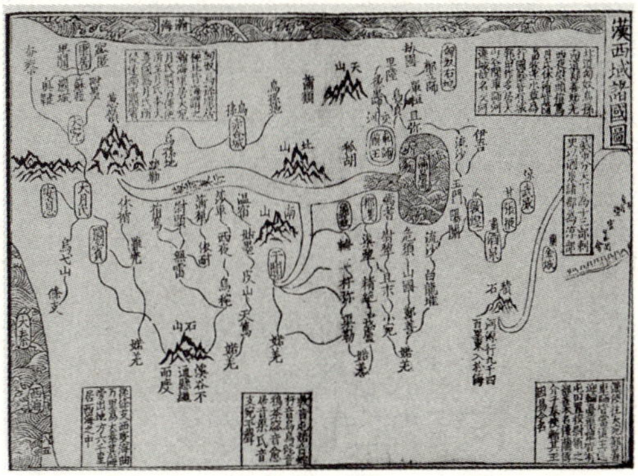

◇汉代西域诸国图

近几十年来，发现不少两汉时期西域的考古资料。在罗布泊附近的古楼兰国、尼雅河流域的古精绝国以及沿丝绸之路的其他各处遗址中，陆续发现许多汉代的精美丝织物、刺绣服物、铜镜、钱币，还发现冶铁遗址、铁工具以及麦粒、青稞等农作物遗存。这许许多多的遗物，表明两汉时期中原与西域的经济联系相当密切，也表明西域地区物质生活大有进步。西域是中亚、南亚商人荟萃的地方，塔里木盆地出有压有汉文、佉卢文的大量“汉佉二体钱”，年代约当东汉晚期，即是证明。西域商人以及中亚、南亚商人沿着丝绸之路，向内地运来毛皮、毛织物、香料、珠玑等商品，交换内地盛产的丝织物和铜铁器物。内地商人也经常远到西域从事贸易。

乌桓　鲜卑　东北各族

东汉初年，乌桓常与匈奴联结，朝发穹庐，暮至城郭，骚扰北方沿边各郡。光武帝以钱币、缣帛招服乌桓，建武二十五年（公元 49）封乌桓渠帅八十一人为侯王君长，让他们率领部众入居塞内，为东汉侦察匈奴、鲜卑的动静。东汉在上谷宁城（今河北万全境）复置护乌桓校尉，兼领鲜卑，并管理与乌桓、鲜卑互市事务。此后百余年，乌桓叛服不常。灵帝时，上谷、辽西、辽东、右北平乌桓大人皆称王。中平四年（187），前中山太守张纯叛入乌桓，为各郡乌桓元帅，寇掠今河北、山东一带。稍后，乌桓王蹋顿强盛。河北地区的吏民为避豪强混战之祸，投奔乌桓的达十余万户。

东汉初年，鲜卑人常与乌桓、匈奴一起骚扰边郡。光武帝末年，许多鲜卑大人陆续率部归附东汉，东汉封他们为王侯，青、徐两州每年给钱两亿七千万以为常制。东汉击走北匈奴后，鲜卑逐步向西发展，残留的北匈奴人十多万落，也自号鲜卑，与鲜卑人逐渐融合。从此以后，鲜卑趋于强盛。2世纪中叶，鲜卑部落大人檀石槐统一鲜卑诸部，立庭于弹汗山歠仇水上（今山西阳高北）。檀石槐南抄东汉缘边，北拒丁零，东却夫余，西击乌孙，尽据匈奴故地。他把领地分为东、中、西三部，右北平（今冀东一带）以东为东部；以西至上谷（今河北怀来）为中部；再西至敦煌、乌孙为西部，各置大人主领。总属于檀石槐。鲜卑兵利马疾，过于匈奴，连年寇扰幽、并、凉三州边郡。光和四年，檀石槐死，鲜卑分裂，力量渐衰。

◇鲜卑族人像

在松花江流域，居住着以农业生活为主的扶余（即夫余）人。扶余有宫室、城栅和监狱、刑罚，蓄养奴隶，盛行人殉，已进入了奴隶制社会。光武帝时扶余遣使奉贡，顺帝时扶余王来朝京师。扶余东北今乌苏里江流域有挹娄人，受扶余贵族控制。挹娄人穴居山林，以农业生活为主，好养豕，阶级分化不明显。

扶余东南鸭绿江流域的山地，聚居着能歌善舞的高句丽人，据说是扶余人向南发展的一支。相传朱蒙在忽本立高句丽国，后人迁丸都城（或谓国内城，今吉林集安）。汉武帝时，设高句丽县，属玄菟郡。汉光武帝时，高句丽使臣曾至京师奉贡。高句丽人主要从事农业生产，其社会中已出现了明显的阶级分化。

羌　东汉王朝同羌人的战争

王莽末年，羌人大量入居塞内，散布在金城等郡，与汉人杂处。他们苦于官吏和豪强的侵夺，常常起而反抗。东汉于凉州置护羌校尉，并屡次派兵镇压羌人的反抗，把一部分羌人向东迁徙于陇西、汉阳、扶风等郡。

安帝永初元年（107），东汉撤回西域都护和西域田卒，并征发金城、陇西等郡羌人前往掩护。羌人害怕远戍不还，行抵酒泉时纷纷逃散。东汉郡县发兵邀截，并捣毁沿途羌人庐落，羌人多惊走出塞，相聚反抗。他们久居郡县，没有武器，只是用竹木当戈矛，用板当盾，屡次打败了东汉军队。武都、北地、上郡、西河等地羌人一时俱起，东攻赵、魏，南入益州，进击关中，截断陇道。各地的汉军和地主大修坞壁，企图节节阻拒，但羌人仍然所向无敌。永初五年，一部分羌人进至河东、河内，迫近洛阳。东汉诏令魏郡、赵国、常山、中山修筑坞候六百余所，以备羌人。沿边的陇西、安定、北地、上郡，纷纷把治所内徙，同时还割禾拆屋，强徙居民。被迫迁徙的人流离失所，随道死亡，有许多人同羌人合作，武装抗拒东汉的官吏。汉阳（治今甘肃天水西北）人杜琦、杜季贡、王信等联合羌人，起兵反对东汉统治，成为羌人队伍的首领。羌人的反抗斗争持续了十二年。在这次战争中，东汉所耗战费达二百四十多亿钱。东汉王朝经过这次大震荡，根基动摇，内地的农民暴动也此起彼伏地相继爆发了。

顺帝时，凉州、并州羌人又相继发动反抗斗争，延绵十年之久，到顺帝末始平息，东汉所耗军费又是八十余亿钱。

桓帝延熹二年（159）以后，各地羌人又相继对东汉进行了反抗斗争。东汉王朝用皇甫规、张奂、段颎等人领兵作战。皇甫规、张奂主张招抚羌人，并且惩治羌人所怨恨的贪虐官吏，羌人先后归服的达二十余万人。段颎残暴异常，羌人被他残杀的达数万人。

在羌人的反压迫斗争中，羌人贵族分子和东汉军队同样烧杀抢掠，战火所及，羌人汉人同受摧残。汉人或被迫当兵，或死徙流亡，以至生产凋敝，造成了极其严重的恶果。桓帝初年的童谣反映这次战争破坏的情况说："小麦青青大麦枯，谁当获者妇与姑，丈人何在西击胡。吏买马，君具车，请为诸君鼓咙胡。"从此以后，农民暴动更为激烈，东汉王朝也日益临近崩溃。

南方各蛮族

在洞庭湖和湘江以西的山岭地区，居住着古老的以犬为图腾的槃瓠蛮，又被称为武陵蛮、五溪蛮。他们称族中渠帅曰精夫，自称曰姎徒。他们很早以前就从事农耕，但是没有关梁符传和租税之赋。西汉向他们征收"賨布"，大口每岁一匹，小口二丈。东汉初年，武陵蛮强盛起来，攻击郡县。东汉在那里增置官吏，加强对蛮人的统治，因此蛮人反对东汉的斗争延绵不断，屡伏屡起。

在今鄂西、川东地区，居住着以白虎为图腾的廪君蛮，又被称为巴蛮或巴郡南郡蛮。廪君人以巴、樊、瞫、相、郑五氏为著，最早居住于今湖北清江流域，溯江向西发展。战国末年秦惠王并巴中后，以廪君蛮的巴氏为蛮夷君长，巴氏岁出少量赋钱，并且世以秦女为妻。廪君民户，则岁出“幏布”八丈二尺，鸡羽三十鍭。东汉时，廪君各部常常起兵反抗东汉，东汉军队屡次强徙廪君部民，置于江夏郡（治今湖北新洲）界中，因此廪君蛮亦得以逐步向东发展。

四川嘉陵江流域的阆中一带，住有爱好歌舞的板楯蛮。相传板楯蛮应募射杀白虎，秦昭襄王与他们约定“顷田不租，十妻不算，伤人者论，杀人者得以倓钱赎死”。楚汉之际，板楯蛮曾助汉高祖刘邦攻下关中，所以蛮中罗、朴、督、鄂、度、夕、龚七姓渠帅得以免除租赋，一般蛮户则岁纳“賨钱”四十。板楯蛮亦有白虎夷、白虎复夷、賨等称呼。西汉初年，板楯蛮的巴渝舞，已成为汉朝庙堂的一种歌舞。东汉时期，板楯蛮经常被征发作战，屡著战功。板楯人苦于赋役和酷刑，常常邑落相聚，反抗东汉统治。直到中平五年（188），他们还响应了巴郡黄巾的起义斗争。

◇巴渝陶俑

在川西、川东、鄂西北、湘西等地，出土许多青铜器物，花纹形制具有浓厚的地方色彩，其中多数出于以独木舟为葬具的船棺葬中。一般认为这些都是廪君蛮和板楯蛮的遗物。廪君蛮和板楯蛮都是先秦巴人的裔族，所以文化类型相同。

西南各族

东汉时期，西南地区除了夜郎、滇、嶲、昆明、徙、邛都、筰都、冉駹等族以外，还有哀牢及其他许多部落或民族，在那里开山辟土，放牧种谷。

哀牢人住在今云南澜沧江流域及其以西地区，以龙为图腾，主要经营五谷桑麻，生产精美的丝织物和麻织物。哀牢地区富有铜铁铅锡金银等矿藏，还出产各种珠宝和奇禽异兽。光武帝时期，一部分哀牢人归附东汉。明帝永平十二年（公元69），哀牢人内附的达五万余户，五十五万余口，东汉在澜沧江以西置永昌郡（今云南保山）。从那时起，东汉通过哀牢地区，同今缅甸境内的掸族，有了直接往来，发生了经济文化联系。

东汉时期，西南边徼以外的部落和民族，遣使贡献方物和请求内属的还有很多。明帝永平年间（公元58～公元75），汶山以西的白狼、槃木、唐菆等百余部相率内附，人数很多，白狼王还用他们自己的语言作诗三章，纪念这一重大的历史事件，称作《白狼歌》。歌词的汉字声读和意译，保存在《后汉书·西南夷传》和注中。

东汉后期的阶级斗争和黄巾大起义

东汉后期的阶级斗争

和帝、安帝以后，东汉统治集团腐朽，豪强势力扩张，轮流当政的宦官外戚竞相压榨农民，农民境况日益恶劣。长期战争加重了农民的苦难。水旱虫蝗风雹和牛疫连年不断，地震有时成为一种严重灾害。沉重的赋役和疠疫、饥馑严重地破坏了农村经济，逼使农民到处流亡。东汉王朝屡颁诏令，用赐爵的办法鼓励流民向郡县著籍，但这不过是画饼充饥，对流民毫无作用。流民数量越来越多，桓帝永兴元年（153）竟达数十万户。地方官吏为了考绩的需要，常常隐瞒灾情，虚报户口和垦田数字，这又大大增加了农民的赋税负担，促使更多的农民逃亡异乡。

灵帝时，宦官支配朝政，政治腐败达于极点。光和元年（178），灵帝开西邸公开卖官，二千石官两千万，四百石官四百万，县令长按县土丰瘠各有定价，富者先入钱，贫者到官后加倍缴纳。灵帝又私卖公卿等官，公千万，卿五百万。州郡地方也多是豺狼当道。

流亡的农民到处暴动。早在安帝永初三年（109），就有张伯路领导流民几千人，活动于沿海九郡。顺帝阳嘉元年（132），章河领导流民在扬州六郡暴动，纵横四十九县。汉安元年（142），广陵人张婴领导流民，在徐、扬一带举行暴动，时起时伏，前后达十余年之久。桓帝、灵帝时，从幽燕到岭南，从凉州到东海，到处都有流民暴动发生，关东和滨海地区最为突出。流民暴动的规模也越来越大，从几百人、几千人扩展到几万人、十几万人。一些流民队伍，还与羌人、蛮人反对东汉王朝的斗争相呼应。从安帝到灵帝的八十余年中，见于记载的农民暴动，大小合计将近百次，至于散在各处的所谓“春饥草窃之寇”、“穷厄寒冻之寇”，活动于大田庄的周围，更是不可胜数。那时，农民中流传着一首豪迈的歌谣：“小民发如韭，翦复生；头如鸡，割复鸣。吏不必可畏，民不必可轻!”这首歌谣，生动地表现了农民前赴后继地进行斗争的英雄气概。

◇东汉人面铜镜

东汉时期，起义农民首领或称将军、皇帝，或称

“黄帝”、“黑帝”、“真人”。前者表示他们无须假托当权集团人物来发号施令；后者表示他们懂得利用宗教组织农民。桓、灵之间流传的“汉行气尽，黄家当兴”的谶语，是起义农民政治要求的一种表达形式。

分散的农民暴动，虽然在东汉军队和豪强武装的镇压下一次又一次地失败了，但是继起的暴动规模越来越大，终于形成了全国性的黄巾起义。

黄巾大起义

顺帝以后，以至于桓、灵时期，道教的一支——太平道，在流民中广泛地传布开来。巨鹿人张角是太平道的首领。张角称大贤良师，为徒众画符治病，并派遣弟子分赴四方传道，得到农民的信任，归附的人络绎于途。张角还和洛阳的一部分宦官联系，利用他们作为内应。据说张角自己还曾潜伏京师，观察朝政。

张角的活动，引起了东汉统治集团的注意。东汉王朝企图以赦令瓦解流民群。但是流民群在张角影响下，仍然日益壮大。东汉王朝又准备用州郡武力大肆“捕讨”。司徒杨赐深恐单纯的镇压会加速农民起义的发动，因此主张责令郡国守相甄别流民，送归本郡，以消弱流民群的力量，然后诛杀流民领袖。稍后，侍御史刘陶等人建言，要求汉朝下诏重募张角等人，赏以国土。东汉统治者所有这些策划，都没有达到破坏农民起义的目的。

张角的道徒，迅速发展到几十万，遍布在青、徐、幽、冀、荆、扬、兖、豫八州。张角部署道徒为三十六方，大方万余人，小方六七千人，各立首领，由他统一指挥；并传播“苍天已死，黄天当立，岁在甲子，天下大吉”的谶语，向人民宣告东汉崩溃在即，新的朝代将要代起。太平道徒广为散布“黄天泰平”的口号，并在各处府署门上用白土涂写“甲子”字样。经过这些酝酿和部署以后，大规模农民起义的形势，在城乡各地完全成熟了。

中平元年（184，甲子年）初，大方马元义调发荆、扬等地徒众数万人向邺城集中，又与洛阳的道徒相约，在三月初五日同时发动起义。但是，起义计划由于叛徒告密而完全泄露，东汉王朝逮捕马元义，诛杀洛阳信道的宫廷禁卫和百姓千余人，并令冀州逐捕张角。张角得知计划泄露，立即通知三十六方提前起义。中平元年二月，以黄巾为标志的农民起义军，在七州二十八郡同时俱起，中国历史上第一次组织、准备比较严密的农民起义，就这样爆发了。

势力强大的黄巾军，有如下几个部分：波才领导的

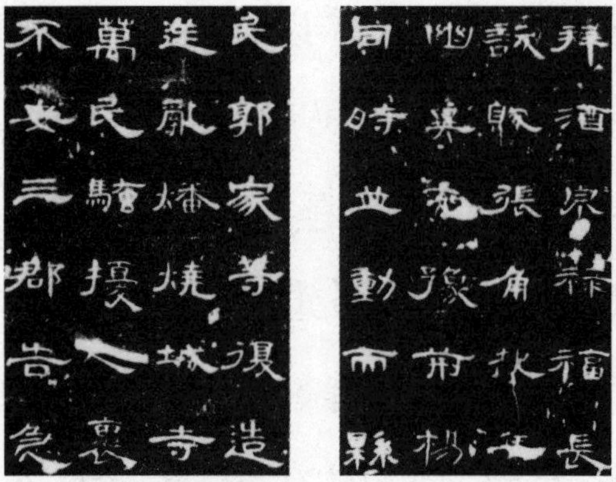

◇记有黄巾起义史实的曹全碑，立于东汉中平二年(185)，明万历初年在陕西郃阳（今合阳）出土。

颍川黄巾；张曼成、赵弘、韩忠、孙夏等人相继领导的南阳黄巾；彭脱等人领导的汝南、陈国黄巾；卜已领导的东郡黄巾；张角、张宝、张梁兄弟领导的巨鹿黄巾；戴风等人领导的扬州黄巾；今北京地区的广阳黄巾，等等。黄巾人众极多，声势浩大，东汉统治者诬称为“蚁贼”。南阳黄巾杀太守褚贡，汝南黄巾败太守赵谦，广阳黄巾杀幽州刺史郭勋和太守刘卫。巨鹿附近的农民也俘虏安平王刘续和甘陵王刘忠，响应黄巾。黄巾军攻占城邑，焚烧官府，赶走官吏，震动京师。同年七月，汉中爆发了五斗米道首领巴郡人张修领导的起义，被统治者诬称为“米贼”。此外，湟中义从胡（小月氏）和羌人，也在陇西、金城诸郡起兵，反对东汉统治。

东汉外戚何进受命为大将军，将兵屯驻洛阳都亭，部署守备。洛阳附近增设了八关都尉。为了统一力量，东汉王朝宣布赦免党人，解除禁锢。东汉还诏敕州郡修理守备，简练器械，并调集大军，包括羌胡兵在内，对各部黄巾陆续发动进攻。

皇甫嵩、朱儁率军四万，进攻颍川波才的黄巾。波才打败了朱儁军，并在长社（今河南长葛境）把皇甫嵩军围住。波才缺乏战斗经验，依草结营，在汉军火攻下受挫，又被皇甫嵩、朱儁军与曹操的援军追击，陷于失败。汉军接着向东进攻。击败了汝南、陈国黄巾。皇甫嵩又北上东郡，东郡黄巾领袖卜已不幸被俘。

南阳黄巾领袖张曼成战死后，赵弘率十余万众继起，据守宛城。朱儁军转击南阳，围宛城三月，战斗非常激烈，赵弘战死。十一月宛城陷落，这支义军也失败了。

巨鹿黄巾领袖张角称天公将军，弟张宝、张梁分别称地公将军、人公将军，号召力很大，是黄巾的主力。东汉先后以涿郡大姓卢植和率领羌胡军队的董卓进击张角。张角坚守广宗（今河北威县）。八月，东汉以皇甫嵩代董卓进攻巨鹿黄巾。那时张角病死，义军由张梁统率应战。十月，汉军偷袭张梁军营，张梁阵亡；又攻张宝于下曲阳（今河北晋州），张宝败死。东汉统治者对农民进行血腥的报复，对张角剖棺戮尸，又大量屠杀农民，在下曲阳积尸封土，筑为京观。

黄巾起义爆发以后，黄河以北的农民纷纷保据山谷，自立名号，反对东汉统治。他们是博陵张牛角（青牛角）、常山褚飞燕（张燕）以及黄龙、左校、郭大贤、于氐根、张白骑、刘石、左髭、丈八、平汉、大洪、司隶、缘城、罗市、雷公、浮云、白雀、杨凤、于毒、五鹿、李大目、白绕、眭固、苦蝤等部，大者二三万，小者六七千。张燕联络太行山东西各郡农民军，众至百万，号黑山军，势力最为强大。中平五年，各地农民又相继以黄巾为号，起兵于西河、汝南、青州、徐州、益州和江南等地区。

黄巾起义发动的广泛，计划的周密，阶级对立的鲜明，在中国历史上是空前的；但是黄巾起义发生在封建割据倾向迅速发展，豪强地主拥有强大武装的年代，这种地主武装同官军联合，处处阻截和镇压农民军，迫使农民军不能集中力量发动大规模的进攻。起义高潮过去以后，黄巾余部和黑山军各部人数虽然很多，但是缺乏攻击力量，在四面八方的敌人夹攻中相继失败。

黄巾起义取得了瓦解东汉王朝的伟大成果。极端黑暗的宦官、外戚集团失去了东汉王朝的凭借，经过短暂反复以后也就从历史上消失了。

汉代的文化

儒学的独尊

秦始皇统一六国，接着又统一文字，为文化学术的发展传播提供了有利的条件。但是不到十年，秦始皇颁令焚书，禁绝私学，只允许以法为教，以吏为师，又使文化学术受到严重摧残。以后，项羽入咸阳，焚秦宫室，连国家典藏的图书也荡然无存，文化学术再次受到破坏。

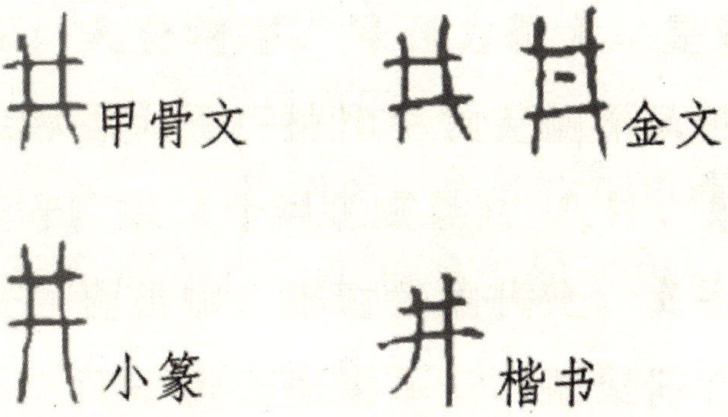

◇井字演变

秦朝置博士官，多至七十员，诸子百家，包括儒家在内，都可以立为博士。博士的职掌是通古今，备顾问，议礼议政，并教授弟子。坑儒事件使博士、儒生受到打击。有些博士、儒生后来投奔陈胜，参加了反秦活动。

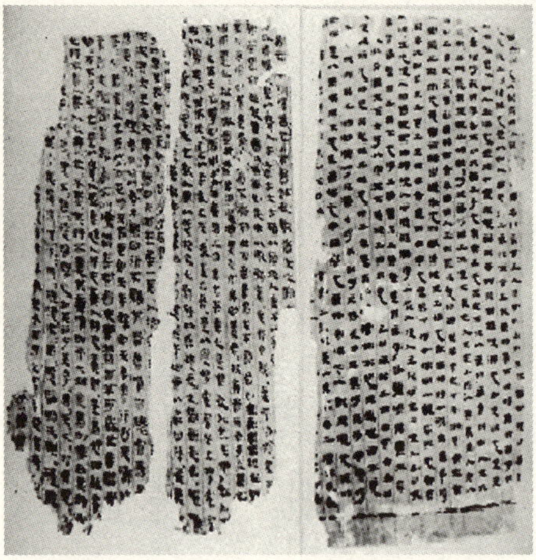

◇湖南长沙马王堆出土的汉初黄老典籍帛书《道德经》

西汉初年，汉高祖刘邦不废秦代挟书之律，蔑视儒学和儒生。在这种情况下，儒家学术源流几乎完全断绝，除了叔孙通略定礼仪的事例以外，不见儒家有什么活动。博士制度在汉初依然存在，高祖曾以叔孙通为博士，文帝曾以申公、韩婴、公孙臣等人为博士，但是博士人数不多，不过具官待问而已，不受当世的重视，在传授文化方面也没有起多大的作用。

在学术思想发展的低潮中，道家的黄老无为思想为汉初统治者所提倡，居于支配地位。道家重视成败存亡的历史经验，主张清虚自守，卑弱自持，所以它适应农民战争后的政治形势，适合恢复生产、稳定封建秩序的需要。胶西盖公好黄老之言，惠帝初年应齐丞相曹参之请仕于齐国。盖公认为治道贵清静而民自定，这个见解比齐国儒生的议论切合实际，在帮助曹参安集百姓方面起了重要作用。道家奉老子的《道德经》，有可考的传授源流，但是世无师说，学术内容可以在很大的程度上随时损益，使之切合当时统治者的具体要求。所以汉初统治者把黄老之言当作“君人南面之术”加以利用，而各种不同流派的思想家也都乐于称说黄老之言。

◇武帝尊崇儒学，罢黜百家。

西汉初年陆贾的《新语》，包含了黄老的政治思想。陆贾针对汉初的政治经济形势，探讨了“以寡服众，以弱制强”的统治方法，认为“道莫大于无为，行莫大于谨敬”。马王堆出土汉文帝时墓葬中的《经法》等多种帛书，是当时流行的黄老著作。系统地阐明道家哲学思想的著作《淮南鸿烈》，也叫《淮南子》，是武帝时淮南王刘安集宾客写成的。《淮南子》问世时，黄老思想在政治上已不占支配地位了。

在汉初特定的社会条件下，统治者无为而治，使农民生活比较安定，社会生产较易恢复，也使汉朝的统治秩序渐形巩固。但是到了文、景时期，无为而治又产生了新的问题：王国势力凌驾朝廷，商人豪强日甚一日地兼并农民，匈奴对汉无止尽地慢侮侵掠。因此，无为而治已不再适应经济、政治的需要了。贾谊大声疾呼，提出变无为为有为的要求，他在《治安策》里说：“夫俗至大不敬也，至亡（无）等也，至冒上也，进计者犹曰毋（无）为，可为长太息者此也。”

文、景时期，出现了由无为到有为、由道家到儒家的嬗变的趋势。那时候，挟书令已被禁止，留存于民间的一些古籍陆续为世人所知。旧秦博士伏生出其壁藏《尚书》二十余篇，文帝曾使晁错从他受业。博士之数达到七十余人，百家杂陈而儒家独多。儒家的《书》、《诗经》、《春秋》以及《论语》、《孝经》、《孟子》、《尔雅》，都有博士，其中《诗》博士有齐、鲁、韩三家，《春秋》博士有胡母生、董仲舒两家。这种情形，为汉武帝刘彻独尊儒术提供了有利的条件。

武帝建元元年（前140），武帝采纳丞相卫绾之议，罢黜治申、商、韩非、苏秦、张仪之言的贤良。好黄老的窦太后（武帝祖母）力加反对，借故把鼓吹儒学的御史大夫赵绾和郎中令王臧系狱。儒家势力虽然暂时受到打击，可是建元五年，武帝设置五经博士，儒家经学在官府中反而更加齐备。建元六年窦太后死，武帝起用好儒术的田蚡为相。田蚡把不治儒家五经的太常博士一律罢黜，排斥黄老刑名百家之言于官学之外，并且优礼延揽儒生数百人。这就是有名的罢黜百家，独尊儒术。独尊儒术以后，官吏主要出自儒生，儒家逐步发展，成为此后两千年间的正统思想。这种情况对于学术文化的发展是不利的，但是在当时却有利于专制制度的加强和国家的统一。

取得独尊地位的儒家，在先秦儒家仁义学说之外，吸取了阴阳家神化君权的学说，极力鼓吹封禅和改制。元封元年（前 110），武帝举行封禅大典。太初元年（前 104），武帝颁令改制，以汉为土德，色上黄，数用五，定官名，协音律，并采用以正月为岁首的《太初历》，代替沿用了百余年的以十月为岁首的《颛顼历》。新的儒家也吸取了法家尊君抑臣的思想，并力图用刑法加强统治。所以汉武帝一方面“外施仁义”，一方面又条定刑法，重用酷吏。董仲舒把儒学引入法律，以《春秋》经义定疑狱，为判例二百余则，称为《春秋决狱》，亦称《春秋决事比》。以后，汉宣帝刘询宣称汉家制度是霸道（法）王道（儒）杂而用之，不主张纯用儒家的德教。

儒家的独尊，有董仲舒倡议其间，而且新儒学的思想内容，也由他奠立基石。董仲舒，广川（今河北枣强境）人，习《公羊春秋》，景帝时为博士。武帝时，他上

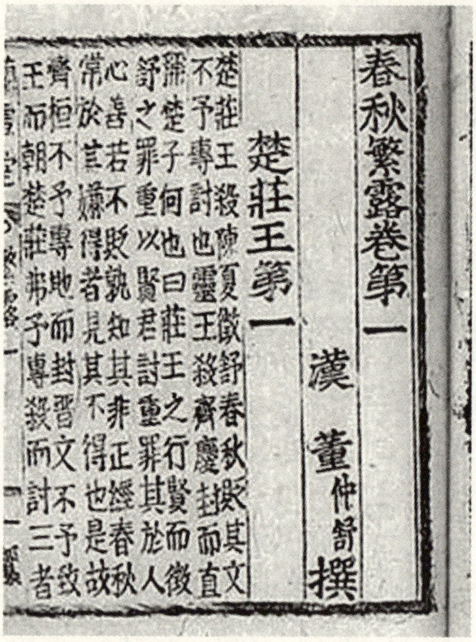
春秋繁露卷第一
漢 董仲舒撰
楚莊王第一
楚莊王殺陳夏徵舒春秋貶其文不予專討也靈王殺齊慶封而直稱楚子何也曰莊王之行賢而徵舒之罪重以賢君討重罪其於人心善若不貶孰知其非正經春秋常於其嫌得者見其不得也是故齊桓不予專地而封晉文不予致王而朝楚莊弗予專殺而討三者

◇《春秋繁露》书影

《天人三策》，系统地阐明了他的哲学思想和政治思想。他著有《春秋繁露》一书。

董仲舒认为人君受命于天，进行统治，所以应当“屈民而伸君，屈君而伸天”。如果人君无道，天即降灾异来谴告和威慑。如果人君面对灾异而不思改悔，就会出现“伤败”。因此人君必须“强勉行道”。这就是他的具有神秘色彩的“天人感应”学说。他认为《春秋》一书著录了长时期的天象资料，集中了天人相与之际的许多解释，所以后世言灾异要以《春秋》为根据。

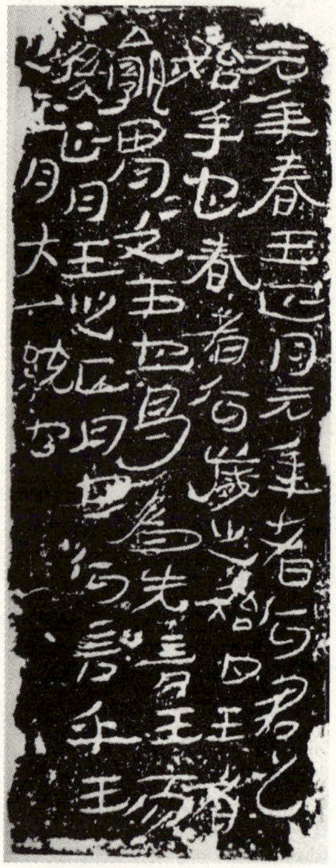

◇《春秋公羊传》砖拓本。《春秋公羊传》是汉代今文经学的主要经典之一，历代今文经学家常用此书作为议论政治的工具。

董仲舒主张“道之大原出于天，天不变道亦不变”。这是他的形而上学的宇宙观和历史观。同时他又认为朝代改换，有举偏补弊的问题。他认为秦朝是乱世，像“朽木粪墙”一样，无可修治，继起的汉朝必须改弦更张，才能“善治”，这叫做“更化”。更化不但应表现为改正朔，易服色，制礼乐，而且还应表现为去秦弊政。这就是他提出限民名田、禁止专杀奴婢等要求的理论根据。不过在他看来，“王者有改制之名，无易道之实”，所以改制并不影响天道不变的理论，不影响封建统治的基础。

董仲舒据《公羊春秋》立说，主张一统，认为《春秋》大一统是天地之常经，古今之通谊。他的所谓一统，就是损抑诸侯，一统乎天子，并使四海“来臣”。但是如果师异道，人异论，百家殊方，旨意不同，人君就无以持一统。因此他要求罢黜百家，独尊儒术。

对于人君应当如何实行统治的问题，他主张效法天道。在他看来，天道之大者在阴阳，阳为德，阴为刑，所以人君的统治必须阴阳相兼，德刑并用。天道以阳为主，以阴佐阳，因此人君的统治也应当以德为主，以刑辅德。他的所谓德，主要是指仁义礼乐，人伦纲常。他以君臣、夫妻、父子为王道之三纲，并认为三纲可求于天，与天地、阴阳、冬夏相当，不能改变。他主张设学校以广教化，因为这是巩固封建统治的最可靠的堤防。

董仲舒的新的儒家学说，主旨是维护封建秩序。它适应文、景以来政治、经济发展的要求，对于巩固国家统一，防止暴政，缓和对农民的剥削压迫，有其积极作用。

武帝以来，儒学传授出现了一个昌盛的局面。博士官学中不但经学完备，而且由于经学师承的不同，一经兼有数家，各家屡有分合兴废。甘露三年（前51），宣帝召集萧望之、刘向、韦玄成等儒生，在石渠阁会议讲论五经异同，由他自己称制临决。宣帝末年，《易》有施、孟、梁丘，《书》有欧阳、夏侯胜、夏侯建（大、小夏侯），《诗》有齐、鲁、韩，《礼》有后氏，《春秋》有公羊、谷梁，共十二博士。其中梁丘《易》、夏侯《尚书》、谷梁《春秋》等博士是新增加的。博士就是经师，他们的任务是记诵和解释儒家经典。他们解经繁密驳杂，有时一经的解释达百余万言。博士有弟子，武帝时博士弟子五十人，以后递增，成帝时多至三千人，东汉顺帝时甚至达到三万人。经学昌盛和博士弟子众多，主要是由于经学从理论上辩护汉朝的统治，因此统治者对儒生广开“禄利之路”的缘故。

石渠阁会议

汉宣帝刘询召集的一次学术会议。西汉自武帝罢黜百家，独尊儒术以来，儒家学说成为统治思想。汉宣帝时为了进一步统一儒家学说，加强思想统治，又于甘露三年（前51）诏萧望之、刘向、韦玄成、薛广德、施雠、梁丘临、林尊、周堪、张山拊等儒生，在长安未央宫北的石渠阁讲论“五经”异同。由汉宣帝亲自裁定评判。石渠讲论的奏疏经过汇集，辑成《石渠议奏》一书。又名《石渠论》。所辑奏议共一百五十五篇。

在儒学发展的同时，也出现了搜集与整理图书的热潮。汉武帝敕丞相公孙弘广开献书之路，还设写书官抄写书籍。当时集中的图书数量颇多，外廷有太常、太史、博士之藏，宫内有延阁、广内、秘室之府。以后成帝命陈农访求天下遗书，又命刘向总校诸书。刘向校经传、诸子、诗赋，任宏校兵书，尹咸校数术（占卜之书），李柱国校方技（医药之书）。每一书校毕，都由刘向条成篇目，写出提要。刘向子刘歆继承父业，完成了这一工作，并且写出了《七略》一书。《七略》包括《辑略》（诸书总要）、《六艺略》、《诸子略》、《诗赋略》、《兵书略》、《数术略》、《方技略》，总共著录图书一万三千二百六十九卷。它是中国第一部目录书，它著录的书目，大致都保存在《汉书·艺文志》中。

刘歆在校书的过程中，发现了一些经书的不同底本。原来西汉博士所用经书，是根据老儒口授，用当时通行的隶书写成的，而民间却仍有用秦以前古文字写成的经书。刘歆宣称他发现了古文《春秋左氏传》，他还说发现了《礼》三十九篇（《逸礼》），《尚书》十六篇（《古文尚书》），这两种书是鲁共王坏孔子旧宅而得到，由孔子十二世孙孔安国献入秘府的。刘歆要求把这些书立于学官，并与反对此议的博士进行激烈辩论，指斥他们“因陋就寡”，“保残守阙”，“信口说而背传记，是末师而非往古”。这场论战之后，经学中出现了今文和古文两个流派，各持不同的底本，各有不同的经解。王莽当政时，为了托古改制的需要，曾为《古文尚书》、《毛诗》、《逸礼》等古文经立博士。王莽还命甄丰是正经典文字。东汉初年，取消古文经博士，复立今文经博士，共十四博士。东汉时期民间立馆传经之风很盛，某些名学者世代传授某经，形成了经书的“家法”，著录生徒成千上万人。在民间传播的经学，有很多是古文经。

◇《春秋左氏传》书影

秦汉以来，出现了一种谶纬之学。谶是以诡语托为天命的预言，常附有图，故称图谶。据说秦始皇时卢生入海得图书，写有“亡秦者胡也”，这是关于图谶的最早记载。纬是与经相对而得名的，是托名孔子以诡语解经的书。当时的儒生以纬为内学，以经为外学。成、哀之际，谶纬流行。东汉初年，谶纬主要有八十一篇。儒生为了利禄，都兼习谶纬。谶纬的内容有的解经，有的述史，有的论天文、历数、地理，更多的则是宣扬神灵怪异，其中充斥阴阳五行思想。这些内容，除包含一部分有用的自然科学知识和古史传说以外，绝大部分都荒诞不经，极便于人们穿凿附会，作任意的解释。王莽、刘秀称帝，都曾利用过谶纬。汉光武帝刘秀把谶纬作为一种重要的统治工具，甚至发诏颁令，施政用人，也要引用谶纬，谶纬实际上超过了经书的地位。中元元年（公元 56），光武帝颁布图谶于天下，更使图谶成为法定的经典。汉章帝会群儒于白虎观，讨论经义，由班固写成《白虎通德论》（又称《白虎通义》、《白虎通》）一书，这部书系统地吸

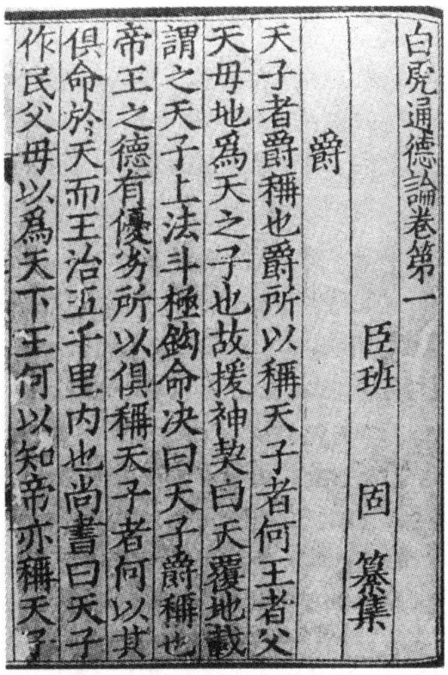
白虎通德論卷第一
臣班 固 纂集
爵
天子者爵稱也爵所以稱天子者何王者父天母地為天之子也故援神契曰天覆地載謂之天子上法斗極鉤命決曰天子爵稱也帝王之德有優劣所以俱稱天子者何以其俱命於天而王治五千里內也尚書曰天子作民父母以為天下王何以知帝亦稱天子

◇《白虎通德论》书影

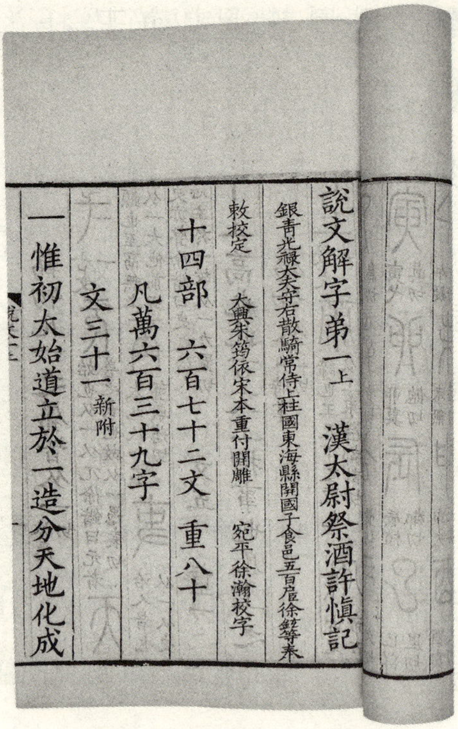

◇汉代许慎编《说文解字》

收了阴阳五行和谶纬之学，使之与今文经学糅为一体。《白虎通德论》的出现，是董仲舒以来儒家神秘主义哲学的进一步发展。

谶纬的流行，今文经的谶纬化，使经学的内容更为空疏荒诞，一些较有见识的人如桓谭、尹敏、郑兴、张衡等，都表示反对谶纬。桓谭力言谶不合经，表示自己不读谶书。桓谭提出精神居于形体，就像火在烛上燃烧这样一个唯物主义见解。这个见解虽有重大缺陷，但在哲学史上还是很可贵的。

在反谶纬思潮的影响下，许多儒生专攻或兼攻古文经。古文经学治学重在训诂，解经举其大义，不像今文经学那样重章句推衍。东汉古文经大师贾逵、服虔、马融等人，在经学上都有过一定贡献。古文经学家许慎为了反对今文经派根据隶定的古书穿凿附会而曲解经文，于是编成一部《说文解字》，共收小篆文字九千三百五十三个，其他古文字重文一千一百六十三个，按部首编排，逐字注释其形体音义。郑玄兼通今古文经而以古文经为主，他网罗众家之说，为《毛诗》、《三礼》等书作出注解。许慎、郑玄的著作，除起了抑制今文经和谶纬发展的作用外，对于古史和古文字、古文献的研究，也有贡献。熹平四年（175），蔡邕参校诸体文字的经书，用隶书书写五经（或云六经）经文，镌刻石碑，立于太学，这是中国最早的官定经本，后世称为“熹平石经”。这对于纠正今文经学家臆造别字，对于维护文字的统一，起了积极作用。

王充的唯物主义思想

在反谶纬的思潮中，思想家王充在哲学问题上跳出了经学的圈子，以唯物主义思想有力地攻击了谶纬的虚妄，批判了经学的唯心主义体系。

王充，会稽上虞人，生于建武三年（公元27），死于和帝永元年间。王充出身于“细族孤门”，早年曾在太学受业，在洛阳书肆中博览百家之言。后来，他作过短时期的州郡吏，其余的岁月，都是“贫无一亩庇身”，“贱无斗石之秩”，居家教授，专力著述，写成了《论衡》八十五篇（今存八十四篇）二十余万言。

王充自称其思想违背儒家之说，符合黄老之义。他以道家自然之说立论，而对自然作了唯物主义的解释。他反对儒者的“天地故生人”之说，主张“天地合气，人偶自生”。他认为儒家天人感应说是虚妄的，因为天道自然无为，如谴告人，是有为，非自然。在他看来，天之所以无为，可以从天无口目，不会有嗜欲得到证明。他认为六经中常说到天，不过是为了教化无道，警诫愚者。

王充认为精神依存于形体，形须气而成，气须形而知。根据这种道理，他反对人死为鬼之说。他说，人靠精气生存，精气靠血脉形成。人死后血脉枯竭，精气消灭，形体腐朽而成灰土，哪有什么鬼呢？他从无鬼论出发，反对厚葬，提倡薄葬。

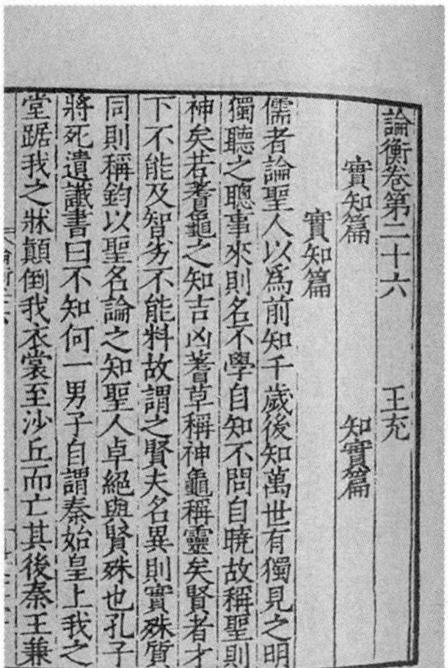
論衡卷第二十六　王充
實知篇
實知篇　知實篇
儒者論聖人以爲前知千歲後知萬世有獨見之明
獨聽之聰事來則名不學自知不問自曉故稱聖則
神矣若蓍龜之知吉凶蓍草稱神龜稱靈矣賢者才
下不能及智劣不能料故謂之賢夫名異則實殊質
同則稱鈞以聖名論之知聖人卓絕與賢殊也孔子
將死遺讖書曰不知何一男子自謂秦始皇上我之
堂踞我之牀顛倒我衣裳至沙丘而亡其後秦王兼

◇《论衡》清刻本

王充对于传统的学术和思想甚至对孔、孟和儒家经典，敢于独立思考，提出怀疑。他在《论衡·问孔》中反对世俗儒者信师而是古，因而对孔子的言论反复提出问难。他在《论衡》的其他部分，还分别对孟子、墨子、韩非、邹衍等人进行了批判，其中所涉及的问题，有许多与汉朝的政治、文化设施有直接关系。

王充受当时生产水平和知识水平的限制，对于他自己引为论据的某些自然现象，有时理解错误，他无法透彻阐明唯物主义思想并把它贯彻到社会历史分析中去。他无法了解社会的阶级构成，不能正确说明人的主观作用。所以他不得不用天命来解释社会事物变化的终极原因，用骨相来解释个人的贵贱夭寿，因而陷入了宿命论。这是王充思想的重大缺陷。

由于《论衡》对汉代占统治地位的思想进行了无情的打击，所以这部卓越的著作在很长时间内无法公诸于世，直到东汉末年才流传开来。

佛教和道教

佛教产生于印度，经由中亚传入中国。佛教始入中国内地的年代，有各种不同的说法。一说西汉哀帝元寿元年（前2年）博士弟子景卢受大月氏（即月氏）王使伊存口授浮屠（佛）经，为佛教入中国内地之始。东汉明帝曾遣使者于大月氏写佛经四十二章，即所谓《四十二章经》。其时楚王国内已有优蒲塞与沙门（在家的与出家的男性佛教信士），说明佛教已在中国内地传播。

◇汉代西王母画像砖

佛教入中国内地后，最早的信徒多为帝王贵族，如楚王英喜好黄老学，为浮屠斋戒祭祀；桓帝在宫中立黄老浮屠之祠。当时的人把佛当作一种祠祀，近于神仙方术；并且把佛教教义理解为清虚无为，省欲去奢，与黄老学说相似。因此浮屠与老子往往并祭，而且出现了“老子入夷狄为浮屠”的传闻。

方术

中国古代用自然的变异现象和阴阳五行之说来推测、解释人和国家的吉凶祸福、气数命运的医卜星相、遁甲、堪舆和神仙之术等的总称。方术起源于原始社会的巫术。由于古代社会生产力和科学知识所限，人们相信天主宰着一切人事，人间的统治者受命于天，把自然界的日月星辰、风云雨雪、山川草木、鸟兽虫鱼等的变异，视为灾异和祥瑞的征兆。方术可以说是“科学思维的萌芽同宗教、神话之类幻想的一种联系”。中国古代的天文、历数、医药、化学是和方术交织在一起，并且是从方术内部发展起来的。因此，对古代流传下来的方术，需具体分析其内容，去其糟粕，取其精华，并阐明其在科学发展过程中的作用，给予一定的历史地位。

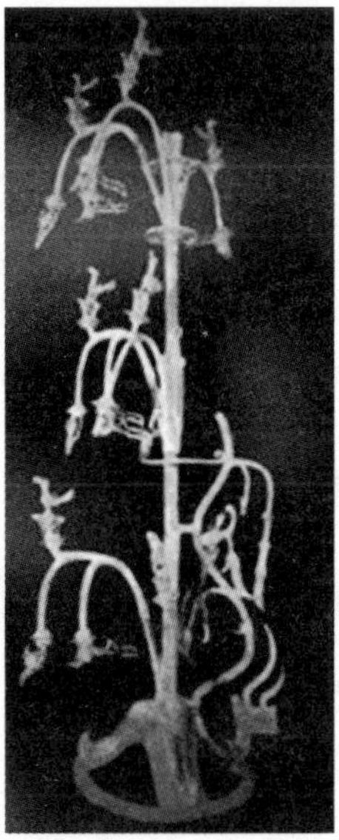

◇东汉巴蜀青铜神树（西三母三凤朝阳神树），四川成都文殊坊汉陶博物馆。此陪葬器喻死者灵魂入仙境，祈求富贵等愿望，叶片为三凤朝阳，叶杆为西王母主题。

桓、灵之世，安息僧安世高、大月氏僧支娄迦谶（支谶）等相继来中国，在洛阳翻译佛经，规模较大。汉人严浮调受佛学于安世高，参与译事。汉代所译佛经，掺杂了许多祠祀的道理，佛教与道术仍然被联系在一起。所以东汉末年的中国佛教徒所写佛学论文《牟子理惑论》虽然反对神仙方术，但仍用老庄无为思想来发挥佛教教义。

安息

古代中东的地名和国名。作为地名，其范围大致相当于今伊朗的呼罗珊地区。作为国名，指公元前247～公元224年的帕提亚（Parthia）帝国。帕提亚原为古波斯阿契门尼德王朝、马其顿亚历山大帝国、塞琉古帝国治下的一个郡。公元前250～前248或前247年，郡中一部落酋长阿赛西（Arsaces）兄弟起义，宣告独立。张骞虽未亲到安息，但听到了一些安息的情况。安息帝国在中东存在四百七十余年，它由很多小地区、小部落组成，很不稳定，不是一个政治上强有力的中央集权的国家。但因它在地理上居欧亚贸易要道，而在经济上得以繁荣。古代“丝绸之路”和几条重要支路都要穿过安息。

初平四年（193），丹阳人笮融为徐州牧陶谦督广陵等郡漕运，他断盗官运，大起浮屠祠，造铜浮屠像，用复免徭役来招致信徒，远近前后至者五千余人户。浴佛（纪念佛诞生的活动）的时候，多设酒饭，布席于路，经数十里，前来观看和就食的达万人，耗费巨大。这是中国佛教造像和大规模招致信徒之始。

东汉后期，民间流行的巫术与黄老学说的某些部分结合起来，逐渐形成了早期的道教思想和反映这种思想的著作。琅邪宫崇以其师于吉于东海曲阳泉水上所得“神书”即《太平清领书》呈上汉顺帝，它的内容以阴阳五行为主，而多巫觋杂语。今存残本《太平经》从《太平清领书》演化而来，是道教的主要经典。《太平经》推尊图谶，多以阴阳之说解释治国之道，还采摭佛教义理加以缘饰。《太平经》中的一些地方宣扬散财救穷，自食其力，这些经义易于为农民所理解和接受。东汉后期被统治者诬为“妖贼”的许多次农民暴动，就是农民用道教作为组织手段发动起来的。

灵帝时，巨鹿张角奉《太平清领书》，在冀州传教，号为太平道。他自称大贤良师，收养弟子，跪拜首过，并以符水咒语为人治病。张角向四方派遣弟子，传布太平道，组织徒众进行黄巾起义。

与太平道形成和传布同时，还出现了道教的另一派，即五斗米道。顺帝时，张陵学道于蜀地鹄鸣山中，以符书招致信徒，信道者出米五斗，有病则令自首其过。张陵死，子张衡、孙张鲁世传其道。张鲁为益州牧刘焉督义司马，保据汉中。他自号师君，置祭酒以治民，不置长吏。诸祭酒于途次作义舍，置义米肉，行路者量腹取足。民犯法，三原然后行刑。张鲁保据汉中的二十多年中，汉中人民生活比较安定。建安二十年（215），曹操灭张鲁。此后五斗米道继续流传，后世以张陵为教主的天师道，主要就是从五斗米道发展而来的。

史学

官府撰修本朝历史的传统，在秦汉时期被继承下来了。汉武帝时政治、经济和学术文化的发展，提出了“通古今之变”的要求，这就需要整理古今历史，用以说明当代社会的各种问题。太史令司马谈次第旧闻，裁剪论著，开始了这一项繁重的工作，但是没有完成。

◇司马迁（约前145～?），西汉史学家、文学家和思想家。字子长，夏阳龙门（今陕西韩城）人，汉武帝时任郎中、太史令、中书令。

司马迁是司马谈之子，左冯翊夏阳（今陕西韩城）人，生于武帝建元六年（前135）或景帝中元五年（前145），死年不详。司马迁幼年从孔安国受《古文尚书》，二十岁后遍游长江中下游和中原各地，还曾出使巴、蜀、邛、筰、昆明，并随汉武帝四出巡幸，有很广泛的社会见识。元封三年

（前108），司马迁为太史令。他继承父业，遍阅国家藏书，收集了大量历史资料，于太初元年（前104）开始撰修《史记》。天汉二年（前99）李陵败降匈奴，司马迁在朝廷为李陵辩护，被武帝处以腐刑。他效法古代一些著名人物在困厄中发愤著书的先例，完成了不朽的著作《史记》。

《史记》原名《太史公书》，包括十二本纪、十表、八书、三十世家、七十列传，共一百三十卷。它是一部上起传说中的黄帝，下迄汉武帝时期的中国通史，是中国历史上第一部内容完整、结构周密的历史著作。《史记》以人物传记为主，以表、书为辅，合编年、记事等体之长，创造了历史书籍的纪传体新体裁，成为此后两千年中编写王朝历史的规范。

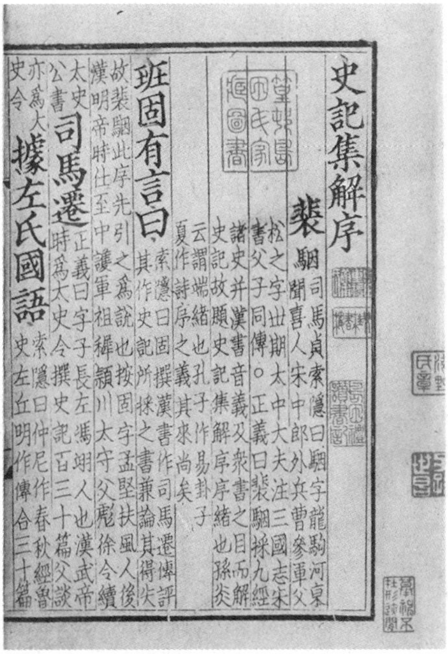
史記集解序
裴駰 司馬貞索隱曰駰字龍駒河東聞喜人宋中郎外兵曹參軍父松之字世期太中大夫注三國志宋書父子同傳。正義曰裴駰採九經諸史并漢書音義及衆書之目而解史記故題史記集解序序緒也孫炎云謂端緒也孔子作易卦子夏作詩序之義其來尚矣
班固有言曰 索隱曰固撰漢書作司馬遷傳評其作史記所採之書兼論其得失故裴駰此序先引之爲說也按固字孟堅扶風人後漢明帝時仕至中護軍祖穉潁川太守父彪徐令續太史公書
司馬遷 正義曰字子長左馮翊人也漢武帝時爲太史令撰史記百三十篇父談亦爲大史令
據左氏國語 索隱曰仲尼作春秋經魯史左丘明作傳合三十篇

◇《史记》南宋黄善夫家塾刻本

《史记》作为一部不朽的名著，可贵之处首先是在当时认识水平的基础上，尽可能如实地和多方面地勾画社

会历史。《史记》一方面把历史上的社会经济、意识形态、天文历法、水利工程等方面的制度与大事，同政治制度、政治大事并于一书，广泛地反映了历史面貌；另一方面，它又把医生、学者、商贾、游侠、农民领袖等人物的传记，与帝王将相并于一书，反映了不同阶级、不同阶层的历史动态。《史记》把许多少数民族的社会历史写成列传，更增加了历史的完整性。

《史记》在记载某些人物时所持的态度，表现了这一著作的杰出的思想价值。它把项羽同秦始皇、汉高祖刘邦一起列入本纪，把农民领袖陈涉（胜）同诸侯一起列入世家。它敢于斥责历史上的暴君，还敢于极言景帝之短。它在称赞武帝功德的同时，也斥责武帝“内多欲而外施仁义”。它赞扬了游侠的某些侠义行为，揭露了酷吏对人民的残暴统治。由于这种背离传统的褒贬态度，《史记》曾经被诬为“谤书”。

《史记》概括了大量的经过选择的历史资料，包括司马迁亲身采访所得的古老传闻。《史记》写作以叙事为主，讲求实事求是，不强不知以为知，不轻下断语。《史记》中是非褒贬一般都寓于叙事之间，空泛论断较少。

司马迁的历史观是唯心主义的，他相信天命，认为秦的统一是“天所助焉”，刘邦是“受命而帝”。他相信

◇班固（公元 32～公元 92），东汉史学家。字孟坚。扶风安陵（今陕西咸阳东北）人。

历史的循环论，认为“三王之道若循环，周而复始”。此外，《史记》在叙事上也有疏略之处。

东汉班固所撰《汉书》，是继《史记》之后的又一部史学名著。班固的父亲班彪作《后传》数十篇，拟将《史记》续至西汉末年为止。班固继承父业，用了二十余年时间，完成了这一西汉历史著作的绝大部分。班固由于外戚窦宪之狱的牵连，和帝时下狱死。据说和帝命班固之妹班昭补写八《表》，马续补写《天文志》，最后完成了《汉书》的编撰。

《汉书》是中国第一部完整的断代史，它基本上因袭《史记》的体裁，但比《史记》更为周密详尽。《汉书》的《百官公卿表》、

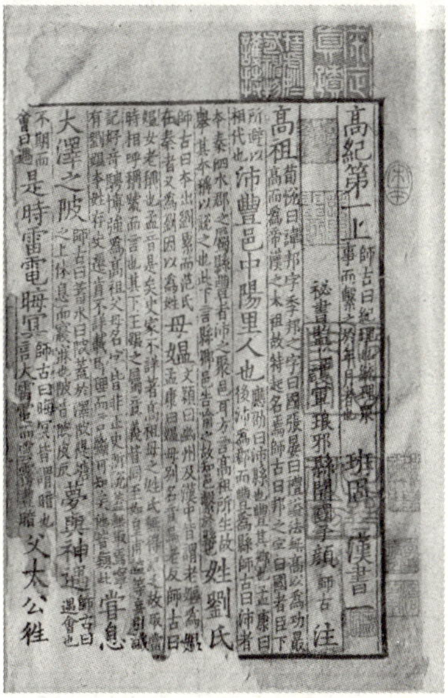

漢書一

高紀第一上

秘書監上護軍琅邪縣開國子顏師古注

高祖沛豐邑中陽里人也 姓劉氏

母媼

嘗息大澤之陂 夢與神遇

是時雷電晦冥 父太公往

◇《汉书》北宋刻递修本

《刑法志》、《地理志》、《艺文志》等，是《史记》的《表》、《书》里所没有的。但是班固生活在儒家伦常完全定型的东汉时期，历史观受到儒家尊君思想的严密束缚，缺乏批判性，比《史记》逊色。

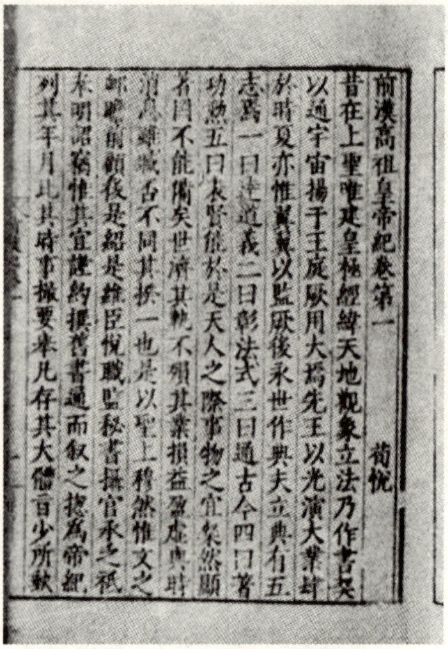
前漢高祖皇帝紀卷第一　荀悅
昔在上聖唯建皇極經緯天地觀象立法乃作書契
以通宇宙揚于王庭厥用大焉先王以光演大業肆
於時夏亦惟翼翼以監厥後永世作典夫立典有五
志焉一曰達道義二曰彰法式三曰通古今四曰著
功勲五曰表賢能於是天人之際事物之宜粲然顯
著罔不能備矣世濟其軌不殞其業損益盈虛與時
消息臧否不同其揆一也是以聖上穆然惟文之
卹瞻前顧後是紹是繼臣悅職監秘書攝官承之祗
奉明詔竊惟其宜謹約撰舊書通而敘之揔爲帝紀
列其年月比其時事撮要舉凡存其大體旨少所缺

◇《汉纪》明嘉靖二十七年（1548）黄姬水刻本

东汉时期修成的史书，还有官修《东观汉记》、赵晔《吴越春秋》和佚名《越绝书》等。前一种系东汉当代的纪传体史书，明帝以后各朝陆续编写，至汉末修成一百四十三卷（现在只存辑本二十四卷），为后世各家后汉书的重要依据。后两种专记一方之事，开后代地方史志之端。此外，建安时的荀悦还把班固的《汉书》缩编成为编年体的《汉纪》。

文学

汉代的文学作品，主要有汉赋、散文、汉乐府诗三种形式。

赋是散文韵文并用、体物写志的一种文体，是直接从骚体演变而来的，与战国诸子的散文也有重要关系。西汉早期的赋，如贾谊的《吊屈原赋》、《鵩鸟赋》等，都是借物抒怀，文词朴实。枚乘的《七发》，开汉武帝时大赋的先河。

汉武帝之世，是赋的成熟时期，赋家接踵而出，其中最著名的是司马相如。司马相如的《子虚赋》、《上林赋》，是这个时期赋的代表作。这些赋都是气势恢廓，景物迷离，词藻华丽而奇僻，反映了西汉国家的宏伟辽阔和物质世界的丰富多彩。西汉后期，最著名的赋家是扬雄；东汉时期，则以班固、张衡最有名。除了他们之外，两汉重要的思想家、文学家，几乎都是赋的重要作者。但是汉武帝以来的赋，以文字雕琢和词藻堆砌取胜，思想内容贫乏。赋家扬雄慨叹作赋是“童子雕虫篆刻”。有些赋家企图以赋作为讽谏的工具，但是往往是劝而不止。武帝好神仙，司马相如作《大人赋》进行讽谏，武

◇扬雄（公元前53～公元18）。西汉学者、辞赋家。字子云。蜀郡成都（今属四川）人。

帝反而“飘飘有凌云之志”。

东汉后期，大赋稍趋衰歇，各种抒情写物的小赋代之而兴，这类小赋多少摆脱了大赋的铺张刻板的格式，意境较为清新，但是仍然缺乏充沛的生命力。

两汉的散文文学，有很大的成就。西汉初年贾谊的《陈政事疏》、《过秦论》和晁错的《论贵粟疏》等政论文，都是言词激切，有声有色，感情充沛，富于文采，对后代散文的发展，有深远的影响。

汉代散文的最高成就，是司马迁的《史记》一书。司马迁在《史记》中刻画了社会各方面许多人物的有血有肉的形象，贯注了他自己爱憎的感情。《史记》叙事带有强烈的故事性，善于使用绘声绘色的对话，来揭露人物的性格。司马迁的这些文学手法，大大加强了他的以叙事表现历史的史学方法的效果。班固《汉书》也是一部文学名著。

汉代的乐府民歌，是中国文学宝库中极有价值的遗产。乐府本来是政府的音乐机构，其设立当在汉武帝以前。汉武帝以李延年为协律都尉，编制庙堂乐歌，歌词主要由文人写作。同时，乐府广泛地在民间采风配乐，代赵秦楚的歌谣，都在乐府采集之列，乐府采集的民歌，经过加工配乐，后来就称为乐府诗或乐府。

乐府采集的民歌，大部分是“感于哀乐，缘事而发”的民间优秀作品，它们的内容，广泛而深入地反映了当时的社会生活，如兵徭的痛苦，官府的掠夺，贫民的亡命生活，妇女的悲惨命运等。这一部分乐府，是两汉诗歌的最大成就。建安年间的叙事诗《孔雀东南飞》，在乐府中属于杂曲歌辞一类，是汉代乐府民歌发展的最高峰。乐府诗散佚很多，到现在只剩下四十来首了。

五言歌谣，西汉时已经有了。东汉时期，在乐府民歌的影响下，出现了一些模仿乐府写成的五言诗。这些作品一般比乐府诗篇幅较长，叙事较曲折。《文选》所录《古诗十九首》的大部分，都是东汉的五言诗（其余是入乐的乐府歌词），《古诗十九首》的思想内容复杂，一般说来很少接触最尖锐最根本的社会矛盾，所反映的生活是狭窄的。至于其中一部分哀叹人生短促，要求早获荣华和及时行乐的作品，反映了一些士大夫的庸俗感情，是古诗中的糟粕。从艺术价值看来，《古诗十九首》吸取了乐府的技巧，词句平易动人，意境隽永，可以和乐府比美。

艺术

汉代绘画艺术发达。今存马王堆汉墓帛画，画幅长

205厘米，画面分为上中下三个部分，分别表现天上、人间、地下的情景，描绘细致，色彩绚烂，具有极其珍贵的艺术价值。

汉代以来，装饰性的壁画流行，宫殿邸舍和墓室多有壁画。宫殿壁画题材，大抵如《鲁灵光殿赋》所说：“图画天地，品类群生，杂物奇怪，山神海灵。”以这类人物鬼神入画，目的在于彰善警恶。汉代黄门令（少府属官）官署中有许多画工。汉元帝时画工毛延寿以人物画称著。东汉画工种类更多，和熹邓皇后诏令中，曾提到画工三十九种。

◇西汉《轪侯家属墓生活图》。此帛画是出土于长沙马王堆一号墓长沙国丞相轪侯利苍之妻的随葬品，表现了轪侯之妻——墓主人日常生活及祈颂墓主人升天等内容。

汉代的墓室壁画，保存到现在的为数不少，其中以平陆、望都、辽阳等处的东汉彩色壁画，艺术价值较高。这些壁画的线条刚劲有力，色彩浓淡有度，画面的立体感很强。壁画内容多为人物车马、乐舞狩猎、饮宴祭祀等，是东汉官僚地主生活的反映。

东汉时期，官僚地主常于坟墓或祠堂的石材画像上，施以阴线或阳线的雕刻，一般称之为画像石。现存的画像石以今山东嘉祥武梁祠、肥城孝堂山和沂南的石刻画像最为著名。画像石的题材丰富，有渔猎、耕织、宴飨、战斗、伎乐、舞蹈等场面，以及许多历史故事。此外，近几十年来在四川境内出土的一种画像砖，表现了生产和生活的情景，线条清晰，形态逼真，与画像石同是宝贵的艺术遗产和重要史料。

◇内蒙古和林格尔出土的舞蹈图壁画

汉代的立体雕刻艺术也很可观。陕西兴平霍去病墓前的石兽群，是利用天然石的形态略为加工而成，制作古朴，浑厚有力。山西安邑的西汉石虎，技法简练，形象生动，可与兴平石雕媲美。东汉时期，雕刻技术更为成熟，南阳宗资墓和雅安高颐墓前的石兽，都是神姿优美，气魄雄伟。东汉陶俑出土也很多，其中以成都的说唱俑和洛阳的杂技俑造型最生动，是汉代艺术珍品。

◇汉代鼓舞画像砖

西汉初年，盛行楚歌、楚舞，巴渝舞也传入了长安宫庭。武帝以后，琵琶、箜篌等乐器从西域或它地陆续传入中土，丰富了汉人的音乐生活。乐府在采风的同时，创造了不少新声乐曲，按音乐类别，除了价值甚微的郊庙歌词以外，主要有鼓吹曲词、相和歌词和杂曲歌词三大类，中国古典乐舞比过去更为丰富多彩。汉朝民间酒会，祭祀喜庆，都是载歌载舞。窟子亦云魁子，即今之傀戏，本来是丧家乐，汉末始用之于嘉会。

角抵之戏，战国和秦朝已有，秦二世胡亥曾在甘泉宫作角抵优俳之观。汉武帝时安息以黎轩（亚历山大城）善眩人献于汉。安帝时掸国（在今缅甸境内）国王雍由调向东汉献乐及献大秦国（罗马帝国东部）的幻人。幻人能变化吐火，自支解，易牛马头，又善跳丸。中国原有的角抵、跳丸诸戏，至此又增添了许多新内容。据张衡《西京赋》和李尤《平乐观赋》的描绘，东汉洛阳平乐观的角抵，不但有角技、眩变、假面之戏，而且还敷衍仙怪故事，演员中并杂有俳优。在现存的东汉画像石上，还可以看到栩栩如生的乐舞百戏场面。

◇四川成都出土的击鼓说唱陶俑

天文历算

天象的研究，同颁行正朔和推定农时直接联系，历来比较发达。关于天体结构，曾有三种不同的学说，即宣夜说、盖天说、浑天说。宣夜说以为无限的宇宙是由“气”构成的，日月众星飘浮于宇宙虚空之中。此说东汉时已失师传，详细内容不复为人所知。盖天说以《周髀算经》一书为代表，认为天像盖着的斗笠，地像覆着的盘，日月星辰随天盖而运动。据东汉末年的蔡邕说，这一学说“考验天状，多所违失”，所以史官不用。浑天说认为天地之象如卵之裹黄，天外地内，天动地静。这种说法在科学上虽然仍有很大缺陷，但比上述两说近于实际，所以被史官采用，汉代史官观象的铜仪，即是根据浑天说设计而成的。

浑天说的代表人物，是东汉的太史令张衡（公元78～139）。张衡是有名的文学家，反谶纬的思想家，也是杰出的科学家。他撰有天文著作《灵宪》一书，解释天体演化的一些问题。书中正确地阐明了月光是日光的反照，月食是由于月球进入地影而形成的；还认识到行星运动的快慢与其距太阳的近远有关。张衡在西汉天文学家落下闳、耿寿昌等人创造的浑天仪的基础上，设计了一种新的浑天仪，以齿轮系统与漏壶相连，随滴漏转动，其中星宿出没，与灵台观象所见完全符合。张衡鉴于东汉地震频繁，还创造了候风地动仪，以测定地震的方位。张衡的这些创造，被当时人目为神奇，所以崔瑗在张衡的碑铭上，盛赞张衡“数术穷天地，制作侔造化”。

◇汉朝地动仪复原模型

《史记·天官书》和《汉书·天文志》都详细记载了周天二十八宿的名称和部位。汉人从星辰运行中推算出一年的二十四节气，其名称和顺序与后世通行的完全符合。武帝征和四年（前 89）关于日食的观测记录，成帝河平三年（前 26）关于太阳黑子的观测记录，都是天文学史上的珍贵资料。

秦和汉初沿用《颛顼历》、长沙马王堆出土的《五星占》残篇、临沂银雀山出土的元光元年（前 134）历谱，都用的是《颛顼历》。但是这种历法年代久远，日月差数无法校正，甚至出现“朔晦月见”的现象。汉武帝命司马迁与射姓、邓平、唐都、落下闳等人造历，于太初元年（前 104）颁行，称为《太初历》，以正月为岁首（汉末刘歆调整太初历为《三统历》）。这是中国第一部记载完整的历法。东汉元和二年（公元 85），改用新的《四分历》。

最晚到汉武帝时期，出现了中国第一部天文历算著作《周髀算经》。《周髀算经》主张盖天说，它记载了用竿标测日影以求日高的方法，从而认识了勾股定理。除此以外，西汉张苍、耿寿昌都整理过古代的算书，《汉书·艺文志》中还著录了许商和杜忠两家《算术》，但都已失传了。

汉代最重要的算学著作是《九章算术》。《九章算术》是出于众手，经过长期修改和补充而成的著作，它最后定型，当在东汉和帝时期。这部书是二百四十六个算术

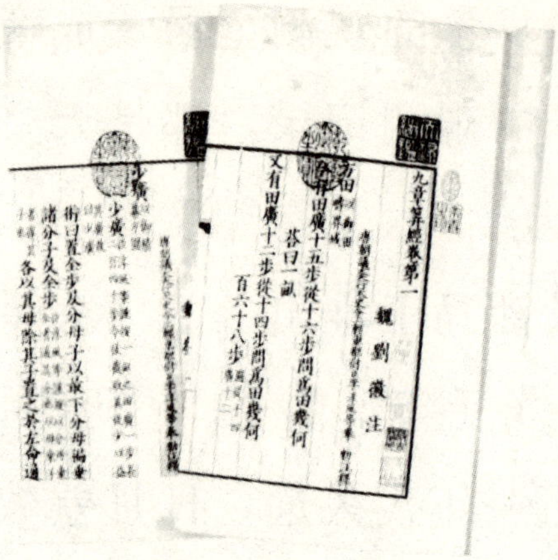

◇《九章算术》书影

命题和解法的汇编，分为方田、粟米、衰分、少广、商功、均输、盈不足、方程、勾股等九章。命题包括田亩计算、土地测量、粟米交换、比例分配、仓库体积、土方计算、赋税摊派等，都是从实际生活中提出的问题。在这些问题的解答中，应用了分数计算方法、比例计算方法、开平方、开立方、二次方程和联立一次方程的解法，还提出了负数的概念和正负数的加减法等等。《九章算术》的出现，标志着中国古代数学的完整体系的形成，在世界数学史上，《九章算术》也占有重要地位。

农学

两汉时期，在农业生产经验积累的基础上，农学已成为一种专门的学科。《汉书·艺文志》里著录了农学著作九种，至少有三种可以确认为西汉著作，其中以《氾胜之书》最为重要。

氾胜之，汉成帝时议郎，曾在三辅教田，据说关中因此丰穰。他所著的《氾胜之书》概括了丰富的农业生产经验，是中国历史上第一部完整的农学著作。氾胜之根据关中地区的自然条件，细致地探索了精耕细作的生产方法。他提倡复种、间种以及两种作物混合播种，以增加土地利用率，提高单位面积产量。他的最大贡献，是总结出了著名的区种法。

区种法要求掘坑点播，按不同的作物决定不同的行距、株距和掘土深度，并且要求大力进行中耕、灌溉、施肥。这种方法把大田的耕作提高到园艺的水平，因此每亩收成高达二三十斛乃至百斛。区种法在科学上很有价值，但是由于它对技术条件和人力条件要求过高，所以不能普遍推行。

氾胜之对植物栽培的一般过程进行了总结，认为耕作的根本要求是“趣时，和土，务粪泽，早锄早获”。他掌握了各种不同作物的生长规律，确定了禾、黍、麦、稻以及桑、麻、蔬、果的不同栽种法。氾胜之提出的溲种法，即用肥料处理种子，以增加种子发育能

◇《四民月令》书影

力的方法，在农业科学上也很有价值。

东汉后期成书的崔寔《四民月令》，主要是地方经营田庄的家历，记载了很多农业生产和管理经验。《隋书·经籍志》把这部书列入农家著作。

医学

中国医学的完整体系，也是在秦汉时期建立起来的。编撰于战国时期，西汉时最后写定的《黄帝内经》，包括《素问》与《灵枢》（或称《针经》）两部分，是中国现存最早的一部医书。《素问》假托黄帝与岐伯的对话，用阴阳五行思想阐述许多生理病理现象和治疗原则。《灵枢》则记述针刺之法。汉代还有《难经》一书，用问难法解释《内经》，对其中的脉法、针法内容，有所发挥。东汉出现的《神农本草经》，共收药物三百六十五种，是中国第一部完整的药物学著作。

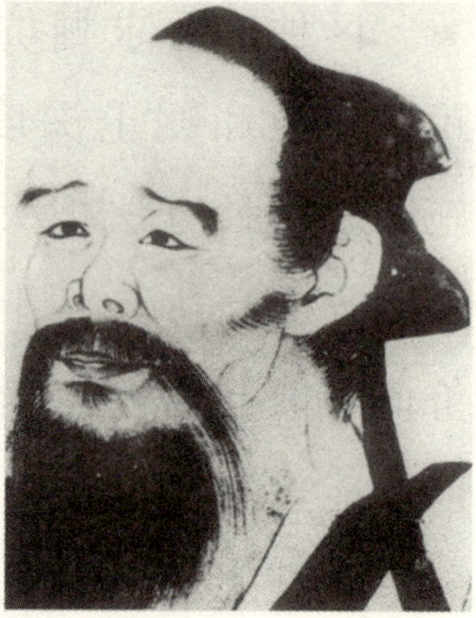

◇华佗像（？～约203），东汉末年临床医学家。

西汉医家，以淳于意（仓公）最有名，淳于意传阳庆之方，治病多验。《史记》所载仓公诊籍二十余例，是最早的病案。东汉时的涪翁、郭玉等，均以针灸见长。汉代太医令还集中民间医方，加以推广。考古发现中有不少汉代医药方面的资料，如马王堆汉墓出有《五十二病方》等，满城汉墓出有医具金针等，武威汉墓及居延均出有医简。

◇湖南长沙马王堆出土的汉代医药帛书

建安时期的张机、华佗，是当时病理、医术造诣最高的人。张机字仲景，南阳人，汉末长沙太守。建安中，南阳疾疫流行，张机宗族病死三分居二，其中死于伤寒（中医所谓的各种热病）的又十居其七。于是张机勤求古训，博采众方，撰《伤寒杂病论》，后人析为《伤寒论》和《金匮要略》二种。《伤寒论》对伤寒诸症分析病理，提出疗法，确定药方。《金匮要略》一书，则是杂病的病症、病方的汇集。张机被后世称为医圣，他的著作是后世医家的重要经典。

华佗，沛人，精于方药针灸。对于针、药所不能治的疾病，华佗用外科手术加以治疗。他先令病人用酒调服“麻沸散”进行麻醉，然后施行手术。华佗认为人体

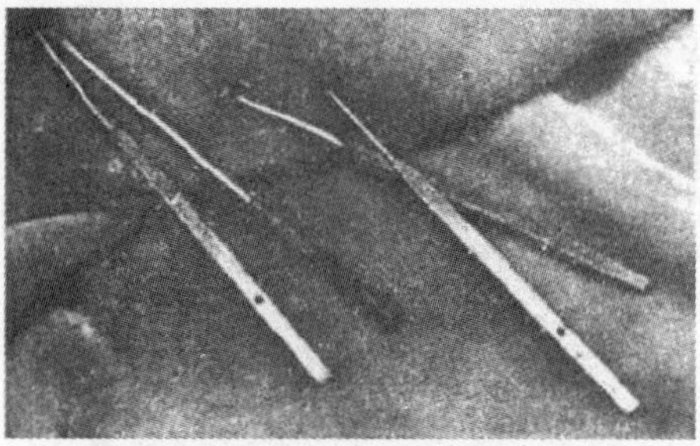

◇河北满城汉墓出土的西汉金制医针

必须经常活动，才能饮食消化，血脉流通，少生疾病。他提倡“五禽之戏”，即模仿虎、鹿、熊、猿、鸟的活动姿态以锻炼身体。马王堆出土有帛画导引图，五禽戏当和导引法类似。

化学的起源

两汉时期，由于铜铁冶炼和制陶、制革、染色、酿造等手工业生产的发展，人们观察到生产过程中的一些物质的化学变化现象，积累了一些化学反应的知识。汉武帝时期，方士们一方面像战国、秦代的方士一样鼓吹入海求仙药，另一方面试图从丹砂中提炼出丹药和金银。方士炼丹术自然是无稽之谈，但是他们通过炼丹的实践，更多地了解到汞、铅、硫黄等物质的属性和它们在一定条件下的变化规律。东汉时会稽人魏伯阳根据自己炼丹的经验，写成《周易参同契》一书，是世界上最古的系统地论述炼丹的书籍，在化学史上有相当的地位。

纸的发明

中国古代的书写材料有两类，一类是竹简木简，一类是缣帛。秦汉时期简帛并用，以简用绳联为册的书籍称为编，以缣帛曲卷成书，则称为卷。但是简编笨重，缣帛价贵，都不是合适的书写材料。西汉末年出现了一种名叫赫蹄的薄小纸，是漂絮时积留在箔上的残丝。这种纸价格仍然昂贵，不能大量制造和广泛使用。

◇西汉敦煌悬泉置简、牍、觚、封检

在出现赫蹄纸以前，已有人用植物纤维造纸。1957年，在西安灞桥的西汉早期墓葬中，发现过一些用麻类纤维制成的残片，有人认为这是世界上已发现的最早的人造纸片，但是还有异说。

西汉末年和东汉初年的植物纤维纸的遗存，20 世纪以来在甘肃、新疆等地也常有发现。植物纤维造纸方法的大规模推广，始于东汉和帝时。当时宦官蔡伦集中了前人的经验，用树皮、麻头、敝布、破鱼网造纸，价格

◇陕西西安灞桥出土的西汉原始型植物纤维纸残片

低廉，质量适于书写。以后全国普遍制造，产量增多，人们把这种纸称作“蔡侯纸”。造纸技术经过二百多年的发展，渐趋完善，到东晋末年，纸完全代替了简帛，成为通常的书写材料。中国的造纸术后来逐步传入朝鲜、日本和中亚各国，又经阿拉伯传入欧洲，对世界文化的发展起了促进作用。